La Fleur d'or

Arthur Gobineau

Édition : BoD – Books on Demand, info@bod.fr
Impression : BoD – Books on Demand,
In de Tarpen 42, Norderstedt (Allemagne)
Impression à la demande
ISBN : 978-2-3225-4372-4
Dépôt légal : juillet 2024

« *LES CAHIERS VERTS* "

PUBLIÉS SOUS LA DIRECTION DE DANIEL HALÉVY

— 27 —

LA FLEUR D'OR

PAR

Le Comte de GOBINEAU

PARIS

BERNARD GRASSET

61, RUE DES SAINTS-PÈRES

1923

OUVRAGES DU MÊME AUTEUR

Essai sur l'inégalité des races humaines (Firmin Didot).

Les Religions et les philosophies dans l'Asie centrale (Crès).

Trois ans en Asie, 2 volumes (Bernard Grasset).

Histoire des Perses (*épuisé*).

Traité des écritures cunéiformes (*épuisé*).

Deux études sur la Grèce moderne (Plon-Nourrit).

Histoire d'Ottar Jarl (*épuisé*) (Perrin).

La Troisième République française et ce qu'elle vaut, étude.

Voyage à Terre-Neuve (*épuisé*).

La Renaissance, *scènes historiques* (Plon-Nourrit).

Ternove, roman (nouvelle édition, Perrin).

Nouvelles asiatiques (nouvelle édition, Perrin; — édition de luxe, Crès).

Souvenirs de voyage, nouvelles (Bernard Grasset).

Les Pléiades, roman (édition de luxe au *Sans Pareil*; — édition ordinaire *en préparation*, Crès).

L'Abbaye de Typhaines, roman (Nouvelle Revue Française).

Mademoiselle Irnois, nouvelle (Nouvelle Revue Française).

Adélaïde, nouvelle (*épuisé*, Nouvelle Revue Française).

Le Prisonnier chanceux ou les Aventures de Jean de la Tour-Miracle, roman (*en préparation*, Bernard Grasset).

Nicolas Belavoir, roman (*en préparation*, Bernard Grasset).

Scaramouche, nouvelle inédite (édition de luxe, Pichon; — édition ordinaire, Crès).

Amadis, poème (Plon-Nourrit).

L'Aphroessa, poèmes (*épuisé*).

Les Adieux de Don Juan, poème (*épuisé*).

Chronique rimée de Jean Chouan, poème (*épuisé*).

Alexandre le Macédonien, tragédie (inédit en France).

Correspondance Alexis de Tocqueville, Arthur de Gobineau (Plon-Nourrit).

CE VINGT-SEPTIÈME CAHIER, LE ONZIÈME DE L'ANNÉE MIL NEUF CENT VINGT-TROIS, A ÉTÉ TIRÉ A SIX MILLE SEPT CENT QUARANTE EXEMPLAIRES, DONT QUARANTE EXEMPLAIRES SUR PAPIER VERT LUMIÈRE NUMÉROTÉS DE I A XL; CENT EXEMPLAIRES SUR VÉLIN PUR FIL LAFUMA, NUMÉROTÉS DE XLI A CXL; 6600 EXEMPLAIRES SUR VERGÉ BOUFFANT NUMÉROTÉS DE 141 à 6740 ET DIX EXEMPLAIRES HORS COMMERCE SUR VÉLIN PUR FIL LAFUMA CRÈME NUMÉROTÉS DE H. C. 1 A H. C. 10.

EXCEPTIONNELLEMENT IL A ÉTÉ TIRÉ CINQ EXEMPLAIRES SUR PAPIER JAPON NUMÉROTÉS DE A à E ET QUARANTE

AVANT-PROPOS

La première intention du comte de Gobineau avait été d'éclairer par un commentaire historique chacune des cinq parties de son drame, La Renaissance. *Puis, changeant d'idée, il classa dans ses papiers les introductions qu'il avait rédigées. Pourquoi eut-il cette intention, et pourquoi l'abandonna-t-il? Les exégètes se sont exercés là-dessus. Peut-être le comte de Gobineau eut-il souci de relier à son système historique, tout favorable aux races germaniques, une œuvre qui exalte un art, une culture latines. Et peut-être la même influence qui avait incliné son goût vers l'Italie, continuant de s'exercer, lui persuada de ne pas alourdir son œuvre, de lui laisser son allure dramatique. Tout cela est possible. Mais il n'y a là qu'hypothèses, recherches hasardeuses et assez vaines de pensées dont le comte de Gobineau n'a fait confidence à personne. Quoiqu'il en soit, voici les textes donnés pour la première fois au public français et réunis sous le titre que le comte de Gobineau avait choisi :* La Fleur d'Or.

D. H.

PREMIÈRE PARTIE

SAVONAROLE

La terre habitée par l'homme, l'homme au début ne l'a pas bien comprise. Il a contemplé les vastes mers, tantôt barrières, tantôt grands chemins; il les a vues séparer ou réunir les nations répandues sur les plages des continents. D'abord ces vastes mers, il les a nommées stériles; il s'est effrayé de leurs tempêtes, de ces montagnes d'eaux ruisselantes que les vents élèvent, fouettent et font écrouler dans une terrifiante agitation; le plus grand des poètes, frappé d'une terreur sacrée, n'a-t-il pas raconté que rien de favorable pût sortir de cette farouche turbulence. Mais, après Homère d'autres lyres sont devenues mieux instruites; sous la colère de Neptune, les caprices d'Amphitrite, les cruelles fantaisies des Néréides et les brusques transformations de Protée, elles ont chanté les opulences de l'Océan, ses cavernes de cristal incrustées de perles, le corail végétant autour de ses rochers, l'ambre flottant au milieu de ses glaces et, surtout, surtout, du sein de ses courants bleuâtres, de ses vagues transparentes, de son écume blanche, scintillante, épaisse, floconneuse, les sages ont vu s'élever l'apparition sans pareille de la triomphante Aphrodite. Plus tard, quand l'imagination se trouva trop flétrie, trop vieille pour continuer le culte de ces jeunes images, ce qu'on appelle la science a reconnu pourtant que de si éblouissants symboles manifestaient la vérité et, qu'en effet la mer salée, la mer saumâtre, la mer au liquide épais, chargé de substances multiples était le dépositaire des germes de la vie et, tout au contraire de mériter l'antique reproche de stérilité, dépassait grandement en activité féconde la surface verte de la planète.

Le monde moral dans le sein duquel naît et se développe un autre genre de mouvements présente un spectacle pareil à celui de la terre et de l'océan enveloppant. Il émet les mêmes apparences, il aboutit aux mêmes contradictions entre ce qui semble et ce qui est. A ne le considérer qu'en somme, il offre, au-dessus des ondes accumulées des temps, un certain nombre d'époques pareilles à des continents. Les parties hautes, apparentes, découvertes, éclairées par le soleil et que l'on a déclarées de tous temps particulièrement dignes d'intérêt, y sont en petit nombre ; elles occupent le moins d'espace dans l'étendue des âges. A en faire l'énumération, on a bientôt fini sa tâche. C'est l'époque où gouvernait Périclès ; c'est l'opulente période des Séleucides et des Ptolémées. Puis se montre la splendeur romaine sous Auguste ; celle-ci finit avec les Antonins, et une large discontinuité la sépare de cette période où la théologie chrétienne inspirant la hiérarchie féodale produisit le génie des XIIe et XIIIe siècles de notre ère. A ce point l'ascension s'arrête de nouveau ; comme une lampe fumeuse, l'histoire laisse graduellement baisser ses clartés, elle s'entoure de ténèbres ; elle semble prête à s'éteindre, elle ne se ranima qu'à la seconde moitié du XVe siècle.

Pendant les durées intermédiaires de ces moments lumineux les jours, les flots des jours, les flots des faits se succèdent, troublés, indistincts ; c'est la mer stérile, aurait dit encore l'Homéride. Mais, point ; c'est la mer féconde, remuant dans ses profondeurs, promenant sur ses surfaces les germes des choses futures et laissant flotter humblement, sur la face de ses eaux, cette végétation entrelacée, sans éclat, mais constante, qui soulève, au milieu des feuillages touffus plaqués sur la nappe sombre, les fleurs d'or, les grandes merveilles de la vitalité humaine. Ce sont des fleurs d'or, ces époques splendides où l'on bâtit le Parthénon, le Capitole, les Dômes de Beauvais et d'Amiens, et où l'Italie entière éclate de vie, de couleurs bigarrées, d'esprit, d'intelligence, de génie et de beauté.

Ce sont des fleurs d'or ; elles nagent et s'étalent étincelantes sur la profondeur murmurante des jours qui les ont produites et de la masse de substance animée d'où elles sont issues. Ce sont des fleurs d'or semblables à ce lotus mystique de la sagesse indienne, qui, épanoui tout palpitant sur la mer barattée par les génies célestes, porte au centre de ses pétales un dieu assis, majestueux, contemplant le monde illuminé par la clarté jaillissant de son front.

Mais tandis que de la sorte la fleur d'or est née des humidités sombres, des cohérences visqueuses de la fécondité latente, bien d'autres existences en sont sorties de même ; celles-ci se tiennent à son côté ; se collent contre elle ; rampent sur elles ; s'amassent, s'accumulent, travaillent contre elle et parviennent à la détruire, absolument de la même façon que dans l'organisme matériel les vents, les tempêtes, les glaces, les volcans, les courants, les animaux voraces, insectes, vers, monstres minuscules s'attaquent aux continents, les mordent, les déchirent et finissent par les éparpiller. Les immenses fleurs sur le souvenir desquelles flottent encore comme des dieux brahmaniques, les fantômes de Périclès, de Virgile, de Dante, de Raphaël, se sont fanées après avoir embaumé les airs de leurs parfums ; elles ont disparu dans la dissolution de leurs éléments ; et, cependant : au sein de ce qui nous entoure, comme en nous-mêmes, se maintient une continuelle antithèse entre ce qui semble et ce qui est ; c'est pourquoi la mort de toute chose, au lieu d'être la fin de cette chose, n'est rien que le commencement de son appropriation à de nouveaux états. C'est une loi inévitable. Il en résulte la permanence de l'essence intelligente dans ce monde et la nature du rôle que cette essence y est venu jouer ; c'est par elle que ce qui apparaît tient de ce qui fut, et que le présent renferme à la fois des parties appréciables du passé et de l'avenir. Qu'on se transporte en imagination à la fin de cette époque à laquelle on a donné le nom de siècle de Périclès. Euripide meurt ;

Phidias est mort, ses élèves les plus chers sont morts; la grande période est absolument terminée. Rien n'est détruit pourtant, tous les moyens existent pour amener de nouvelles créations, sauf un seul; élément capital, il est vrai; avec la valeur, avec la saveur, le parfum, la marque particulière de l'époque éteinte, avec la structure qui lui était propre et l'âme spéciale qui l'animait a disparu pour toujours, ce qu'on pourrait appeler le germe viril qu'elle a contenu et qui lui conférait l'individualité de son être; ce germe s'est dissous; il ne compte plus dans la somme des richesses du monde; il ne reparaîtra jamais plus. Mais après lui demeure la masse flottante de ce qu'on pourrait appeler les éléments féminins, doués d'une réceptivité propre à montrer un jour de nouvelles existences, quand une nouvelle cause plastique, fournie par une nouvelle race, aura réveillé la fécondité amortie.

Ainsi, des détritus grecs, en suspension dans les profondeurs des esprits et que l'intelligence romaine vient toucher, émerge le siècle d'Auguste. Au sein de cette profusion énervée de l'antique beauté hellénique, la verdeur sauvage du sentiment italiote introduit des combinaisons et l'on voit surgir sous des formes et avec des tendances jusqu'alors inconnues, l'Enéide, les Odes, le livre de Lucrèce, les comédies de Plaute, les élégies de Catulle, les temples, les riches constructions répandues sur les flancs du Palatin.

Etait-ce mieux? Etait-ce aussi bien que les splendeurs regrettées? C'était différent. La beauté parfaite n'était plus; mais la solidité s'y trouvait avec le faste dominateur. Une impression de force toute particulière s'y rencontrait. Une ténacité dans les idées, une correction dans les pensées, une largeur dans les doctrines, une disposition à généraliser la conception du devoir; quelque chose de plus humain, mais de raide, de dur, de ferme, de despotique, de prosaïque apprenait aux générations d'alors et la réalité et la précision; on ne sentait plus cette joie enfantine de la vie, cette gaîté satisfaite du mouvement ne cherchant rien au-delà de ce qui brillait; ce n'était plus ce culte heureux de l'existence couronnée des premières roses; on ne retrouvait pas, on avait perdu pour jamais quelque chose de divin, de céleste, d'olympien qui, jadis, mouillait de son nectar les lèvres souriantes d'Anacréon et d'Alcée; désormais l'oreille endurcie entendait retentir l'altier commandement de Rome; l'air ému en vibrait; une correction rigoureuse voulait tout recouvrir d'un filet d'airain.

Ce monde croyait pourtant imiter les Grecs. Il se trompait, mais il poussait et grandissait à son tour et s'élevait, fleur superbe, comme l'autre fleur s'était jadis élevée sur la surface des siècles. Il était rongé, comme elle l'avait été par les ennemis irréconciliables de la durée; il tomba et quittant les atomes immortels dont il avait été composé, il perdit son âme et resta dissous jusqu'au jour où la fécondation germanique fit pointer un nouveau bouton.

De même que les Romains s'étaient cru des Grecs, de même les moines lettrés, les évêques savants, les professeurs de Paris, de Cologne, de Padoue, les architectes et les sculpteurs de Corbie, de Strasbourg, d'Assise se prirent pour des Romains. Le bénédictin d'Alsace, Gunther, en écrivant pour Frédéric II de Souabe son Ligurinus, s'estimait virgilien! On en était bien éloigné. Ce que les gens délicats de Rome avaient appelé la vénusté, n'eût alors été compris de personne.

En revanche, jamais on ne contempla une plus vaste accumulation d'idées. L'esprit à la recherche de faits indifférents aux temps anciens n'avait pas le pouvoir d'exprimer avec élégance ni même avec netteté ce qu'il tirait de lui-même, ce qu'il ramassait d'ailleurs; il était trop actif, trop pressé; il voulait trop; il donnait, il prenait, il demandait; il ne se reposait pas; à la fois, en même temps, tout d'un coup, il aspirait à trop de conquêtes et se perdait dans la poursuite des innombrables rêves sortis de tous les coins de la plus prodigieuse imagination qui fut jamais. L'antiquité, l'avidité romaine s'étaient contentées d'agiter leurs destins dans un cercle géographique assez étroit. Le moyen-âge aspira à connaître le globe entier comme à scruter la nature de l'âme et Dieu dans leurs secrets les plus fermés. Ses veines saturées de sang burgonde, gothique, frank, normand, lombard, palpitaient de tous les genres de convoitise, d'ambition, d'activité. Il remuait, il allait, il venait, il voyageait, il fouillait, il écoutait, il exprimait et se trouvait jeté aux antipodes de la majestueuse placidité du monde grec, comme de l'orgueilleuse sécurité des Césars. Il se croyait romain, ai-je dit ; je le répète ; il se croyait romain ! Il s'imaginait être rempli des inspirations de la muse latine et s'en donnait pour preuve son attache persistante à l'ancien langage. Il se vantait aussi d'être l'élève de la décadence byzantine ; quant aux savants, aux écrivains, aux artistes, aux politiques de Byzance, eux, ils se déclaraient grecs, parce que de leur côté ils reproduisaient tels sujets de la glyptique alexandrine ; mais sans le vouloir et trop absorbés dans leurs idées pour s'apercevoir de leur impuissance à imiter, ils faisaient passer le sujet charmant sous les formes sèches, anatomiques dont les figurations austères de leurs saints étaient revêtues.

Le moyen-âge fut un grand inventeur. En politique, il imagina le droit personnel et l'établit en face des prérogatives du souverain. Il le voulut inviolable et nia, en principe, que le salut de l'Etat fût la mesure de la sécurité des sujets. Dans les arts, moins soucieux de l'ensemble que du détail, il chercha un idéal raffiné ; il voulut empreindre, dans le marbre, dans la pierre, sur le parchemin des missels, l'expression des figures avec une précision, avec une sorte d'exaltation de réalité dont ni Rome ni la Grèce n'avaient jamais, le moins du monde, éprouvé le besoin. Ce qu'il atteignit est si merveilleux, si accompli que telle statue de cathédrale peut être placée justement aussi haut que toute création de l'art antique dans son plus parfait développement.

Ce qui surtout fit époque, ce fut la diffusion dans l'Europe entière d'une égale soif de voir, de créer, de pénétrer, de transfigurer les choses suivant un mode supérieur à la condition terrestre. Cette préoccupation ne fut pas celle d'un homme, d'une école, d'une ville, d'un lieu restreint; elle s'empara du continent. Quelquefois on s'aventura dans des voies différentes, mais on y chercha les mêmes choses; en politique, les guildes et la Hanse germanique ne furent pas semblables aux communes de la Flandre, aux cités de la Provence et du Languedoc, aux bourgs des royaumes de l'Espagne; mais, partout, on voulut également des droits, des franchises, des moyens de liberté et, par dessus le marché, avide, comme l'était chacun, de mettre en relief son individualité partout, on voulut des privilèges, cette notion si absolument étrangère au monde antique et, en effet, partout les privilèges existèrent pour tout le monde et même pour les lépreux. Dans l'architecture, les styles se distinguèrent les uns des autres parce que l'originalité débordait; une cathédrale italienne n'emprunta guère à la sœur d'au-delà du Rhin; mais le même cachet s'imprima pourtant sur toutes les variantes, parce que, nulle part, on ne resta étranger à la passion de l'infini. Quant à la littérature, armée, casquée, la lance au poing, imprégnée de l'esprit d'aventure, elle promena de Constantinople à l'Islande les héros des poèmes chevaleresques, leur bravoure folle, leur passion d'indépendance, leur besoin de mouvement et ce tempérament immodéré qui composait ses personnages de tout ce que l'on concevait alors de plus brillant, de plus éloquent, de plus intrépide.

Ce qu'il y eut encore de particulier dans cette floraison du moyen-âge, c'est qu'aucune période n'y absorbe une telle part de forces que l'on puisse affirmer : à telle date fut le beau moment et s'épanouit la fleur par excellence. On doit faire cette observation pour les Grecs ; il y eut chez eux soixante années incomparables ; on le peut chez les Romains ; le grand éclat dura un siècle et quelque chose au delà ; quant au moyen-âge, dès le début, il s'empara de ce qu'il avait à faire et, plus fort sur un point, plus faible sur l'autre, il ne cessa plus, jusqu'à sa fin, de se mouvoir, de toucher à tout, d'interroger, de questionner, de vouloir et de ne vouloir pas.

Il y eut pour cela deux raisons. L'élément germanique actif, viril, était partout ; ici plus abondant, là moins, marié, pondéré, dirigé de manières différentes ; en somme, toujours le même ; de plus, la religion prêtait aux différents centres d'activité des maximes, des habitudes identiques. En face de chaque atelier intellectuel, à Burgos comme à Hambourg, à Londres, à Dublin comme à Venise, comme à Florence s'imposait le même cadre et une identité absolue de sujets à traiter. Ce qui fut spécial dans cette série de tableaux, ce furent les couleurs. Les objets se placèrent au midi et au nord sous des jours très différents.

Ce mouvement de vitalité atteignit son point culminant au XIIe et au XIIIe siècle. Il en descendit ensuite jusqu'au XIVe. Alors se manifesta avec une évidence de plus en plus nette la cause de transformation existant au sein de cette société. Cette cause se trouvait intimement liée à l'état de la religion.

Il appartient aux âmes d'élite de ne considérer le bien qui unit les créatures au Créateur qu'à ce point d'élévation où il n'est ni touché ni flétri par les mains humaines. Les âmes de cette valeur se préoccupent peu d'observer si les pieds divins des vérités célestes, en se posant sur la terre, s'y tachent ou non d'un peu de boue ; elles ne s'en inquiètent pas ; elles ne contemplent que la face des immortelles voyageuses et le regard attaché sur leurs fronts, elles les entourent de toutes leurs pensées, de toutes leurs affections, à travers les espaces immaculés où celles-ci les mènent. C'est admirable, sans doute ; mais une si noble absorption dans l'infini n'appartient jamais au gros des peuples ; ceux-ci s'attachent moins à la sublimité transcendentale qu'à ce qui tombe sous la grossièreté de leur sens.

La religion avait commencé par assouplir l'esprit germanique et lui fournir des raisons de sociabilité. Elle lui avait donné un modèle d'organisation en lui proposant les formes du Saint Empire ; dans le droit canonique, elle lui avait présenté une législation admise par tous les vaincus ; en faisant accepter le patronage des évêques, défenseurs de leurs cités, elle avait sauvé les classes moyennes, sinon de tous les attentats, du moins de la légalité du servage ; elle avait conservé dans les couvents et multiplié sous la plume des moines les copies des ouvrages classiques, en même temps que les in-folios de sa théologie ; elle avait bâti les villes de l'Allemagne, de la Suisse, d'une partie de l'Angleterre, d'une partie de la France, d'une partie de l'Espagne et, même en Italie, elle avait, soit fondé, soit rétabli plus d'une enceinte. Les plus florissants villages s'étaient élevés autour de ses monastères et, sans son intervention, de même que le XIe siècle n'aurait pas eu d'écoles, ni encore moins les universités alors florissantes dans tous les royaumes chrétiens, de même et non moins certainement, sans les moines il n'y aurait pas eu d'agriculture, pas de défrichements ; les contrées n'eussent pas été assainies ni les marais desséchés et les moulins, les forges, les usines les plus nécessaires n'auraient jamais été établies. Les moines étaient actifs parce qu'ils étaient disciplinés et, seuls, ils l'étaient alors dans le monde occidental ; actifs ils devenaient riches et disposaient de plus de ressources que les seigneurs et les rois ; eux seuls pouvaient accomplir cette grande œuvre, la création de l'Europe moderne.

Ce fut donc justice et raison que la reconnaissance des peuples entourât les autels ; on ne pouvait moins. Chacun sentait ce dont il était redevable à l'organisation catholique et la conscience commune en était si profondément convaincue que lorsqu'il arriva, en conséquence des études et des controverses, qu'au sein même de ces couvents si utiles, l'hérésie montra sa tête, le sentiment public s'indigna et écrasa les novateurs. Chacun prit part à la répression : les rois, les nobles, les bourgeois, les paysans. C'est ce qu'éprouvèrent Roscelin de Compiègne, Abélard, Wiclef, les Albigeois, les Pastoureaux et tant d'autres. Les contempteurs de l'Eglise contredisaient à la conviction et aux intérêts de leur temps.

Ainsi, la hiérarchie ecclésiastique si bien protégée se trouva au-dessus de tout péril. Elle se réjouit dans sa sécurité. Néanmoins ses bienfaits ayant porté leurs fruits, les temps changeaient peu à peu ; les laïques commencèrent à ne plus laisser agir les moines sans critiquer ce qu'ils faisaient. Ils avaient appris ce qu'il leur appartenait de savoir ; ils voulurent se charger eux-mêmes de la poursuite de leurs intérêts. Les paysans réunis sous la protection des abbayes et des châteaux, instruits et guidés par les uns, gardés par les autres, s'étaient enrichis dans le travail rural ; ils étaient devenus assez puissants pour méditer des jacqueries. Il ne faut pas s'y méprendre et l'histoire en donne, à chaque occasion, les preuves. Le paysan réellement misérable, maltraité, rabaissé, ne s'insurge jamais. Si l'oppression va trop loin, il s'enfuit ; alors il habite les bois, les cavernes, et s'il possède des armes, s'en sert contre les bêtes fauves ; mais le tempérament héréditairement lâche et cauteleux de l'homme de la glèbe ne lui permet de relever la tête que sous l'influence de la convoitise et de l'envie. Il ne s'est jamais battu pour la liberté. Les paysans des XIIe, XIIIe, XIVe siècles, sous une forme ou sous une autre, ici plus, là-bas moins, commençaient à sentir poindre une volonté, en même temps qu'ils se voyaient plus ménagés. En Angleterre, le yeoman était devenu une puissance, une partie respectée de la force commune. Il fournissait aux camps ces redoutés archers qui dans les guerres des Edouards jouèrent un si grand rôle. Les paysans espagnols habitués à combattre les Maures, comme s'ils eussent été des chevaliers, ne s'estimèrent guère à un moindre prix ; les communes rurales du midi de la France sous la conduite de leurs souldics prouvaient autant de fierté que les villageois des Apennins et de la Romagne. Le manant de la France centrale, de la France du nord était moins à l'aise ; et les multitudes agricoles de l'Allemagne, Slaves soumis à des dominateurs germaniques, ne dressaient pas non plus la tête bien haut. Cependant, là aussi, le labeur avait porté ses fruits ; on possédait, on y tenait ; on avait beaucoup appris des moines ; et on commençait à regarder autour de soi.

La bourgeoisie faisait davantage. Quoi qu'on en ait pu dire, dans les moments les plus sombres et les plus difficiles de la transformation générale, la bourgeoisie n'avait jamais perdu ses franchises. Elle souffrait ; qui ne souffrait pas ? Elle souffrait, mais elle vivait et, un jour, il se trouva qu'elle en savait aussi long que les moines ; elle était capable de se diriger, en ne prenant conseil que de sa propre sagesse. Alors elle laissa inécoutés les avis de ses conducteurs ; elle devint une classe opulente, arrogante, avisée, ambitieuse, turbulente, rapace, intelligente et capable d'autant de bien que de mal ; elle peupla et grandit Londres et Edimbourg, Saragosse et Valladolid, les cités impériales de l'Allemagne et de la Suisse, les bonnes villes de la France et les communes ou républiques de Gênes, de Florence, de Milan, de Venise, de Pise, de Sienne, pour ne compter que les plus apparents de ces innombrables foyers qui alors couvrirent l'Europe entière. Les citadins de ces générations en arrivaient à ne plus se sentir tenus à rien envers les moines. Ils cultivaient la terre sans eux ; ils manufacturaient leurs lainages et leurs soieries sans eux ; ils se gouvernaient sans eux et les compagnons et les maîtres ouvriers des Flandres ne demandaient à aucun prêtre la théorie de l'insubordination. Néanmoins, le siècle (bourgeois, paysans, nobles) restait catholique ; personne ne songeait à émanciper l'esprit de ce que l'on avait cru et espéré jusqu'alors. Déjà pourtant germaient des idées de nature bien offensive. L'ancien paganisme avait laissé plus de traces et de plus profondes qu'on ne le soupçonnait ; les croisades avaient éveillé l'imagination sur bien des points et le commerce avec les pays du Levant colportait lentement, obscurément des notions, des dispositions morales fort hétérodoxes. Les dogmes dissidents si terriblement réprimés à leurs premières apparitions, n'avaient nullement été abrogés ; ils circulaient à l'état d'inconséquences. Ce n'est pas là une cause de faiblesse pour des idées quelconques. Les barons ne se faisaient pas faute de résister au clergé et même de le spolier ; ce que chacun savait à merveille, depuis le dernier et le plus sordide vilain jusqu'au monarque le plus fier, c'était se moquer des vices comme des faiblesses de la cléricature. On en arriva à trouver un agrément particulier aux chansons accusatrices, aux sculptures, aux peintures caricaturales. Dante a plongé publiquement des papes dans les flammes outrageuses de l'enfer.

Il y avait sujet. Si la foi du Christ ne saurait jamais donner lieu à la moindre dépréciation, la milice humaine de l'Eglise avait subi la loi des choses mortelles ; le ver de la corruption s'était développé dans la chair trop grasse. Les clercs, longtemps considérés comme les meilleurs des conseillers et les plus sûrs des guides, ne se voyant contredits par personne, avaient cessé de donner de sages avis, encore bien plus de fournir d'utiles exemples ; ce qu'il existait de plus réprouvé au monde, ils se le permettaient couramment. Si les ménestrels et les jongleurs de France, si les maîtres chanteurs des villes hanséatiques leur reprochaient la fainéantise, l'impiété, la débauche, tous les genres de débauche, la simonie et l'oubli complet des plus simples devoirs, ce n'était que vrai. Michel-Ange, l'homme essentiellement pieux, devait s'écrier un jour : «Un moine dans un tableau! Comment l'œuvre n'en serait-elle pas gâtée, puisque les moines ont gâté le monde?" Ce que Michel-Ange dit au XVIe siècle, on en était venu à le penser universellement au XIVe et c'est ainsi que la société du moyen-âge se vit dans cette situation singulière de croire et de mépriser, d'accepter et de repousser, de soutenir et de honnir.

Une société peut durer longtemps avec des tiraillements de cette sorte. Ce qui se passa alors en Europe en est la preuve. On respectait par habitude et on dénigrait par évidence. En réalité, le monde ne savait quel parti prendre; ce qu'il possédait lui semblait flétri; mais il n'avait rien à mettre à la place. Pour cette double raison, tout boitait. On se disait avec Boccace : Si, malgré les mœurs des souverains pontifes, des cardinaux, des évêques, des moines, la religion subsiste, c'est évidemment qu'elle est divine.

On aima longtemps ce paradoxe qui ne suffisait guère à tranquilliser les consciences. Peu à peu, les nations lasses, cependant, d'avoir sous les yeux les extravagances du clergé, se nourrirent d'une sorte d'athéisme pratique, poivré de superstitions nauséabondes. On peut l'affirmer : le XVe siècle ne croyait plus à rien, n'admettait plus rien, et seulement par lassitude, par prudence, par ignorance, ne renversait rien.

A la fin, il s'éleva, pourtant, en différents lieux, des docteurs qui s'indignèrent et dénoncèrent le mal. Ils ne se firent pas scrupule d'en montrer la profondeur et les périls. Le chancelier de l'université de Paris, Gerson, personnage dont l'orthodoxie et la vertu sont restées au-dessus de tous les doutes, fit entendre les paroles les plus sévères; il ne fut pas le seul. On demanda la fin du scandale; on stigmatisa la torpeur morbide où le clergé s'endormait; on dit que si un remède prompt, radical n'était pas apporté à ces insurrections charnelles, l'Eglise de

Dieu s'exposait à la mort. Un schisme, en ce moment, couronnait l'œuvre, deux papes, deux partis de cardinaux, ne voulant pas démordre de leurs deux dynasties, donnaient raison à tous les reproches; alors la mesure fut débordée et des hérésies flagrantes entrèrent en scène : Jérôme de Prague et Jean Huss avaient levé l'étendard du calice.

Si jamais un homme atteint de maladie chronique parvenait à se guérir par cela seul qu'il reconnaît son danger, peu de patients succomberaient. Les corporations jouiraient du même avantage. Mais il n'en va jamais ainsi. Une fois introduit par la dent d'une corruption séculaire, le poison chemine dans les veines; l'évidence qu'on en donne, la certitude des conséquences ne fournit pas les moyens de le supprimer. Le nombre des sages reste toujours infiniment inférieur à celui des fous : les esprits tournés au bien sont des unités, ceux qui vivent dans le mal, comme la salamandre dans le feu, sont des légions; ainsi le fait court à ses conséquences. Ce qu'on allègue d'excellent et d'incontestable, que devient-il? Lieu commun; les gens les moins disposés à l'appliquer le proclament et le mauvais est paisiblement suivi par le pire. Pour sortir de ses embarras, le XVe siècle réunit le concile de Constance. Les plaintes étaient si générales, si fortes, si bien appuyées, qu'il fallait témoigner du désir de mieux faire; mais oh n'aboutit à rien. On brûla deux hérétiques, on appliqua des expédients; au fond les choses demeurèrent ce qu'elles étaient devenues.

Dès lors, avec le désespoir de rien changer, l'indifférence augmenta et de celle-ci naquit l'idée de se passer d'honnêteté religieuse. On se tranquillisa d'autant plus sur l'avenir de l'Eglise que le monde paraissait se soucier de moins en moins des problèmes du dogme et de la morale. Pourquoi se révolter contre ce qui n'intéresse pas? La masse du clergé, les évêques qui ne visitaient jamais leurs diocèses, les chanoines qui ne paraissaient jamais aux chapitres, les curés qui ne résidaient pas dans leurs paroisses, les abbés qui laissaient tomber en ruines leurs monastères et changeaient leurs manses en élégants hôtels, les moines qui passaient au cabaret ou ailleurs tout le temps que l'insouciance de leurs supérieurs leur laissait, le clergé enfin, dans son ensemble et les exceptions mises à part, s'enfonçant dans les voies de traverse, en arriva de plus en plus à ne plus être un clergé. Les vœux conventuels où séculiers semblaient n'avoir jamais existé. C'était peu; les règles les plus nécessaires de la conduite et du bon sens n'étaient pas moins oubliées. Les pasteurs des âmes ne s'adressaient plus à leurs ouailles; on ne savait ce que c'était qu'instruction religieuse; les araignées travaillaient sur les autels et moi qui écris cela, n'ai-je pas lu dans le registre de maître Corfeuilhe, notaire à Bordeaux, à la date du 17 juin 1568, une protestation signée de mon huitième aïeul, Etienne, contre les prêtres bénéficiaires de sa paroisse de Sainte-Colombe qui, le jour même de la Fête-Dieu, s'étaient absentés de telle sorte que les fidèles dussent aller chercher des pères de Saint Augustin pour avoir l'office? Et Etienne n'était pas un malveillant, mais bien un zélé qui mit la main à l'œuvre de la Saint-Barthélemy. Ainsi le clergé ne faisant plus son état, à quoi revenait son action? A toucher le revenu des bénéfices, à l'augmenter par des prétentions, par des demandes, par des institutions, par des inventions, par des combinaisons, et de cette sorte la religion chrétienne tout entière, ses mystères, ses dogmes, sa morale, son enseignement, sa mystique et les savants ressorts de son immense et splendide établissement tendaient à n'être rien d'autre que les différents rouages d'une machine de fiscalité travaillant au profit d'une classe dont les fondateurs avaient, à la vérité, créé l'Europe, mais dont les représentants, désormais, servaient surtout à la pervertir.

Et alors, ces éléments non chrétiens, signalés tout à l'heure, commencèrent à prendre de l'importance en se condensant sous la pression d'un fait qui dès le début du XIVe siècle prit une place considérable dans l'attention des peuples.

Le monde féodal se considérait sincèrement comme n'étant que la continuation pure et simple de ce qui l'avait précédé. Thémistocle et Pompée n'avaient été, à son sens, que des barons; il ne faisait nulle difficulté de compter Alexandre et César au nombre des preux. Il habillait les hommes du passé à sa mode. Peu d'esprits furent exempts de cette erreur, Pétrarque par exemple; mais ceux-là, lentement, firent des disciples qui en produisirent d'autres et un jour vint où à force de mal lire, mais, pourtant, de lire toujours Virgile, Horace, Lucain, Cicéron, Tite-Live, on arriva à les comprendre autrement que par le passé. Alors, on fut étonné, enivré, exalté de cette découverte; on s'aperçut de choses auxquelles on n'avait jamais pensé. L'Europe cessa de retrouver son esprit dans ce qu'elle lisait; son image ne fut plus réfléchie dans ce qu'elle contemplait. Elle se trouva dégoûtée de la scolastique, et parce qu'elle en avait abusé et parce que, d'ailleurs, la scolastique lui avait dit son dernier mot et ne trouvait plus qu'à se répéter; elle voulut que Platon et même Aristote lui parlassent autrement qu'ils n'avaient fait jusqu'à ce jour. Bref, tout ce qui pensait un peu et réfléchissait bien ou mal, commença à entrer dans une préoccupation singulière, dont le résultat fut de communiquer aux anciens livres une saveur si forte et si attrayante que le nombre de ceux qui voulaient s'instruire augmenta démesurément, et dans la même proportion où l'enthousiasme allait croissant, le dégoût, l'ennui, le mépris, l'indignation contre le clergé prenait corps. On se supposait déjà en possession d'un ordre d'idées capable de remplacer celui dont on médisait depuis si longtemps.

Pourtant, c'était une erreur. On n'était maître de rien du tout ou plutôt la diversité des points de vue ouverts par les études était telle que l'anarchie des opinions s'en augmentait démesurément. Chacun, en Espagne, en Allemagne, en Flandres, en France, en Italie, voyait à sa manière, préférant un livre à un autre et cette opinion-ci à celle-là. Tel avait puisé le matérialisme le plus audacieux dans l'apostrophe de Lucrèce à la nature; tel cherchait dans le Phédon un spiritualisme éthéré et raffinait par cette voie sur la pureté chrétienne; mais plusieurs, complètement étourdis par l'enthousiasme capiteux que leur versait l'antiquité retrouvée, se laissaient glisser en souriant vers le plus brutal paganisme parce qu'ils l'entendaient parler le langage harmonieux d'Horace et le voyaient beau comme l'amour antique et, comme lui, couronné de roses. Les myriades d'idées qui s'agitaient, qui, s'éveillant, volaient de toutes parts, ressemblaient à des essaims d'abeilles, excitées dans leur ruche par les premières lueurs, la fraîcheur naissante et les parfums de l'aurore. Sortant en masse, animées, curieuses, avides, agitées, turbulentes, bourdonnantes, elles se jetaient sur toutes les fleurs, tâtant de toutes les plantes et remplissant toutes les directions, se risquaient dans toutes les hauteurs en s'abandonnant aux poussées de tous les courants d'air.

Jamais curiosité plus ardente n'avait agité l'esprit humain et n'eut à sa disposition des moyens d'action si divers et des aptitudes si puissantes. L'habitant de l'Allemagne apportait à ce travail sa force de réflexion, sa ténacité, sa tendance à la rêverie mystique et son inépuisable goût du détail; l'Anglais sa violence de résolution; le Flamand sa disposition à ne se rien laisser imposer; le Français fournissait peu de chose; il avait déjà pris l'habitude du régime administratif et l'esprit militaire ne cultivait chez lui que la vanité soldatesque. Quant aux Espagnols, vainqueurs de la bravoure mauresque, infatués de leurs triomphes, conquérants stupéfaits d'un monde inespéré dont les richesses semblaient incalculables et se considérant partout comme les maîtres, l'intrépidité de leur orgueil n'avait de bornes en aucun sens et ils étaient aussi dangereux en religion qu'en politique. Toutes ces foules s'avançaient bon pas pour renverser l'ordre ancien.

Sans nul doute, les hommes d'alors, s'éloignant des coteaux du passé, étaient dominés par leur curiosité violente. C'était le sentiment principal. Ils semblaient se réveiller d'un sommeil entrecoupé de songes qui ne leur avait pas montré les réalités. A l'égard des Grecs, les Romains n'avaient nullement été ces disciples étonnés que les hommes du moyen-âge furent à l'égard des Romains. Il sembla à cette dernière époque que le grand intérêt, le grand but de l'existence fût surtout de lire et d'admirer les œuvres perdues. On ne se croyait pas pourvu d'un sentiment original et si on l'eût pensé, on ne s'en fût nullement glorifié ; au contraire ; on eût pris une telle notion pour une traîne d'attache au temps dont on prétendait se débarrasser. On se montrait absolu comme la jeunesse. Si la destinée qui mène les hommes n'était pas toujours plus sage que leurs visées, ce bouillonnement n'eût jamais créé les magnificences qu'on en vit sortir ; il n'eût produit que purement de la pédanterie et des pédants dont le débordement, pour commencer, fût incommensurable.

Ce qui apparaissait de la manière la plus évidente c'est qu'on voulait sortir des voies dans lesquelles on avait marché et chacun se montrait l'étoile qui éclairait une autre direction ; mais tandis que le plus grand nombre des novateurs cherchait en dehors de la foi chrétienne, à côté, plus ou moins loin, un chemin qui devait mener à un florissant inconnu, un noyau d'esprits, plus conscients des véritables conditions du développement humain, continua à subsister et ne voulut pas une minute se plier aux prétentions des Platoniciens, des Stoïciens, des Péripatéticiens, des Eléates, ni des sceptiques ; il maintint de rester fidèle à la tradition et partant à la doctrine des ancêtres, à l'élément essentiel de la vie sociale, tout en tirant de la boue et des pierres le char embourbé, souillé et à demi pourri de l'Eglise.

Au XVe siècle, comme à toutes les époques climatériques, les adversaires du présent se rangèrent sous trois enseignes : les uns, les plus ardents, notèrent crûment d'infamie tout ce qui s'était produit depuis les XII Césars. Le monde leur apparut comme honteusement mésusé, avili; ils relevèrent leurs manches et hardis à ruiner ce qui leur déplaisait, ils s'instituèrent bourreaux. Ils ne réussirent à rien. Le radicalisme en quoi que ce soit ne saurait prendre pied sur le monde. Les farouches adversaires que les déportements cléricaux avaient suscités au christianisme, voulurent franchement tuer celui-ci, et ils y parvinrent si peu qu'il n'y eut pas même besoin de les réprimer. Leur délire ne fut qu'un dilettantisme impuissant.

A côté de ces révolutionnaires ardents vinrent se placer des hommes curieux de trouver un moyen terme entre l'antiquité payenne et ce qui lui avait succédé. Ces hommes dirigèrent leurs regards vers la primitive Eglise. Les deux Testaments à la main, les écrits des Pères sous les yeux, ils eurent la prétention de ramener le dogme à sa simplicité primitive et d'extirper les corruptions interpolées. Aucun ne songeait qu'il n'est pas plus possible d'arrêter une institution dans sa croissance qu'un être organique quelconque et que tout ce qui a vie sort de l'enfance pour subir successivement les autres phases de l'existence. Si l'on est mécontent des dispositions morales ou de la structure physique d'une créature adulte, c'est se moquer que de chercher un procédé capable de la réduire à tel moment de sa vie antérieure où elle plaisait davantage. Ce fut pourtant le rêve qui à la fin du XVe siècle préoccupa les judiciaires de grand nombre de personnages bien intentionnés. En vain les hérétiques bohémiens avaient été mis à mort; leurs inclinations scrutatrices s'étaient conservées et on s'évertua plus que jamais à retrouver dans le dogme et à en dégager ce qu'il avait de primitif pour l'opposer à ce qu'on supposait être amputable à volonté sans que le sujet en dût mourir. L'esprit qui dirigea cette dangereuse étude était, naturellement, défavorable à la hiérarchie ecclésiastique ; il ne la jugeait ni légitime ni utile.

Cette disposition extra-catholique était observée avec une juste terreur par d'autres gens pieux et honnêtes qui, fermement attachés à l'Eglise, auraient souhaité la purifier sans lui imposer aucun changement essentiel. Ces bons serviteurs ne voulaient ni renversements ni mutilations ; plus ou moins hardis, plus ou moins sagaces, ils comprenaient que le clergé ne pouvait cependant rester tel qu'il était. Malheureusement les efforts de ce groupe le plus digne d'intérêt, parce qu'il était le plus sage, manquaient d'énergie, comme il arrive le plus souvent à la droite raison, privilège impopulaire des minorités. Un système de modération n'acquiert jamais l'appui d'aucune des passions intéressées, soit à l'attaque, soit à la résistance. Mais, tandis que de tous côtés on augurait que les changements religieux allaient fournir la grande caractéristique du siècle, l'esprit humain, suivant sa voie, en dehors des prévisions de l'homme, allait mettre en lumière toute autre chose.

Les âges du monde, comme les individus, s'aperçoivent peu de ce qui constitue leur principale originalité. Le XVe siècle ne discernait pas dans sa physionomie un trait, bien petit sans doute, bien peu distinct, mais qui grandissant bientôt, allait devenir sa marque particulièrement glorieuse. On aspirait à la science ; on réussissait à la saisir ; on cherchait à réunir les éléments d'une théologie armée en guerre contre l'Eglise ; d'autre part, on eût voulu ramener la cléricature au sentiment de ses devoirs, au sentiment de ses dangers ; en politique, le pouvoir cherchait à se consolider, à s'étendre et un besoin de sécurité généralement senti lui venait en aide malgré le goût non moins répandu des libertés turbulentes. En admettant que le succès eût couronné quelqu'une de ces dispositions au détriment des autres, on n'eût acquis rien de très neuf ; un peu plus de droiture, un peu plus de vérité, un peu plus de bon sens, un peu plus de calme ; mais tout pour un temps plus ou moins court, puisque d'ailleurs rien ne dure. Cependant le XVe siècle avait reçu de ses devanciers une préoccupation d'un mérite plus rare à laquelle j'ai déjà touché en passant.

A la façon dont la Grèce avait compris la représentation de l'être humain, la beauté était le but suprême et pour y atteindre, le reste était sacrifié. C'était le système des grandes écoles, ce fut le motif de leur haute perfection. L'idéalisation du corps, l'équilibre complet de ses parties, certains raffinements que la nature donne à peine, si elle les donne, tels que la simplification des plans du thorax, la petitesse un peu marquée de la tête, et dans les modèles les plus voisins de l'archaïsme, la précision presqu'excessive de certains muscles, telle avait été l'étude de la plus belle antiquité. Plus tard, l'époque alexandrine se mit à la recherche de la grâce ; elle la trouva et n'évita pas le maniéré, mais pas plus que les écoles précédentes elle n'attacha une importance capitale à l'expression morale de ses sujets. Si quelquefois elle l'a rencontrée sous le ciseau, ce fut par exception, fugitivement ; elle n'en fit pas un système. La Niobé évoque peut-être l'idée de la douleur ; elle ne la montre pas ; on peut admettre encore que le Laocoon comporte une réflexion de l'âme sur la face et dans les membres ; on peut aussi en douter ; en tous cas la valeur principale de ce groupe est dans l'observation de certaines règles, l'harmonie des proportions et la noblesse de l'attitude.

Les Romains ne craignirent pas de reproduire la laideur, car ils se mirent à chercher la réalité. Ils aimèrent à figurer des nègres et même des personnages difformes ou contrefaits. Leur tempérament goûtait le trivial ; ils furent grossiers, ils prirent grand goût aux caricatures, et de cette disposition à ne reculer devant aucune déviation des règles du beau, ils conclurent que quand un empereur était laid, il fallait le représenter tel et ils n'y manquèrent pas.

Ce fut ce côté de l'art qui sauva le reste à l'époque de la décadence. Les Byzantins devinrent interprètes moroses et exacts de ces pères de l'Eglise qui voulaient pour représenter Notre Seigneur un type repoussant, qui louaient les vierges d'un aspect vulgaire et les saints hideux, le tout afin de ne rien accorder à la sensualité ; ils inventèrent la maigreur, les faces et les corps décharnés, les membres ossifiés, et sur les diptyques consulaires du IVe et du Ve siècles, ils rencontrèrent précisément les modèles d'anatomie qu'il leur fallait. La mode s'en continua pendant de longues années. Mais vers le XIIe siècle une transformation s'annonça. On pensa à exprimer aussi exactement que possible les sentiments des personnages par le choix des attitudes et des physionomies : ce fut une révolution. Une nouveauté inconnue aux Grecs et aux Romains se produisait dans le monde.

Les artistes de la Basse Saxe et de la Flandre, ceux de la France, les artistes italiens découvrirent le secret. Ils cessèrent de considérer avec les Byzantins la laideur sèche, froide, morte comme d'institution divine ; ils conçurent la pensée de rendre compréhensible au spectateur la sainte joie de la Vierge contemplant l'Enfant divin ; l'exultation respectueuse de saint Joseph devant les jeux du Sauveur ; la prodigieuse méditation de saint Jean écrivant à Pathmos ; et surtout et constamment, et avec des raffinements de plus en plus délicats, la figure juvénile, virginale, toute pure, toute céleste de la Reine des Anges. On se servait de la tradition romaine en ce sens qu'on ne reculait nullement devant la reproduction des physionomies basses et même repoussantes ; on était fidèle encore aux leçons byzantines car on conservait en général les attitudes et les vêtements consacrés, mais on étudiait, avec un soin qui n'avait jamais eu lieu, les ressources plastiques de la physionomie humaine ; ce n'étaient pas les grandes et simples expressions qui étaient les plus recherchés, mais plutôt les expressions combinées, l'attendrissement, l'extase, la joie contenue, la douleur étouffée. Les imagiers, on doit leur reconnaître cette gloire, poussèrent à la perfection ce système ; mais quand ils en eurent atteint le point culminant, ce qui arriva peu à près vers le milieu du XVe siècle, il se trouva que des têtes si animées, si parlantes, si vivantes, ne pouvaient plus être superposées à des corps fantastiques et faux et, que de plus, il fallait absolument poser des types accomplis au milieu d'une nature digne d'eux. En conséquence, on était asservi à l'étude de quoi ? Du Beau ; et la grande inspiratrice de ce temps, l'Antiquité, se présenta aux artistes et leur imposa ses leçons. L'Antiquité qui déjà tournait la tête des politiques, des théologiens, des érudits, des philosophes, des poètes, devint encore bien davantage la souveraine des sculpteurs et des peintres. Elle leur montra la créature de Dieu et Dieu lui-même, et les arbres, et les monuments, et la terre et les herbes, et l'horizon étendu et la mer moutonnante et l'azur profond de l'Empyrée, comme jamais ils n'avaient vu ni rêvé tout cela. La grande originalité, le grand instrument de gloire que l'âge nouveau portait dans son sein, devint alors manifeste : c'était le don de rendre plastiquement l'âme humaine, l'âme de la nature et de représenter aux yeux et à la réflexion, toute cette richesse encore intouchée. Cela suffit pour que l'univers soit à jamais contraint de proclamer d'une voix unanime que sur les eaux bleues des temps jamais fleur ne s'épanouit dont les pétales d'or, dont le feuillage somptueux puisse être vanté au-dessus de la miraculeuse floraison du XVe siècle. Je ne m'emporterai pas jusqu'à dire qu'il n'y eut jamais rien d'égal ; ce ne serait pas vrai ; l'époque qui s'est appelée la Renaissance n'est au-dessous d'aucune autre.

A l'aurore du mouvement dont il s'agit, vers le milieu du XVe siècle, si solennel, les regards de tous les peuples se tournaient vers l'Italie et on le concevait pour cette raison que l'Italie brillait plus que tout le reste du monde. C'était instinctif. Les yeux cherchent l'éclat et l'éclatante Italie les attirait. Là s'ouvrait la source la plus abondante de la civilisation qui allait s'épancher.

On eût trouvé assurément ailleurs certaines dispositions fort importantes que cette terre ne présentait pas ou n'avait qu'à un degré très inférieur et qui, plus tard, devaient jouer leur rôle. Mais à ce moment donné, l'Italie répondait à tous les appels. Jadis, aussi bien que le reste de l'Europe, elle avait éprouvé les effets heureux et les chocs lamentables amenés par la dissolution de l'ancien monde et l'impatronisation des septentrionaux. Ceux-ci avaient modifié noblement le sang de ces misérables colons, de ces descendants d'esclaves, de ces enfants d'affranchis dont l'administration impériale avait peuplé la Toscane, le Milanais, la Vénétie, l'Emilie. Ce fut surtout dans le nord et dans le centre que le mélange eut lieu ; il était donc naturel que la vitalité principale de l'Italie s'agitât de préférence dans cette région. On en vit les marques quand le temps fut venu. Alors le marchand de la péninsule, en partie burgonde, goth, longobard et romain, marcha fièrement en face du seigneur militaire et, lui aussi, l'épée au flanc, la targe à l'épaule, se dit libre, souverain, tyran et prouva la vérité de ses paroles. Ce qui sortit de ce conflit très court, terminé par la victoire de la classe industrieuse, ce ne furent nullement des bourgeoisies, comme on l'entend de nos jours, mais bien des patriciats ; et Venise, Gênes, Florence, Sienne, Lucques, Alexandrie, Pise, toutes les villes, toutes les bourgades, les villages même eurent beau se réclamer du nom démocratique, proclamer les droits, les victoires des Popolani sur les Nobili ; le *populus romanus* était vivant dans leurs imaginations, mais non la *plebs*. Quand de gentilhomme on devenait citoyen, si on renonçait à ses armoiries, c'était pour en prendre d'autres. Alors, on se construisait un palais, on s'habillait de beau drap fin, de velours et de soie, et on traînait à sa suite la même mesnie de serviteurs armés qu'antérieurement on avait eue. D'ailleurs on maintenait avec soin une orgueilleuse inégalité entre les corps des métiers ; celui qui fabriquait le damas ne touchait pas dans la main à celui qui vendait le lainage. On portait l'armure, on montait à cheval, on faisait la guerre, on régissait l'Etat.

C'était trop. Le gouvernement devenait impossible. Venise seule le comprit et par le plus nécessaire et le meilleur coup d'Etat ayant su repousser au rang des subordonnés l'immense majorité de ses habitants, elle eut l'honneur de fonder la puissance la plus légitime qui fut jamais, par cela seul qu'elle assura à son peuple la gloire et le repos, et dura plus que toutes les constitutions d'Etat qu'on a jamais connues. Partout ailleurs s'établit un état fiévreux dont les accès répétés mettaient à chaque instant en péril la vie du malade. On ne soutenait ce malade que par des expédients, et quels expédients ?

De même que la médecine recourt en certains cas à l'usage des substances vénéneuses, les Etats italiens existèrent par des mesures meurtrières. Inhabile à rien fonder de stable, on chercha des ressources dans l'instabilité ; les magistrats furent temporaires et d'un temporaire très limité ; pendant l'exercice de leur charge, on les garrottait au moyen de l'autorité rivale de plusieurs conseils ; mais, comme il restait pourtant dangereux de se mettre sous la tutelle d'un compatriote, on inventa d'appeler un étranger pour qu'il n'eût pas de crédit, pour qu'il n'eût pas de considération et ne s'imaginât pas avoir de l'avenir. Malgré des précautions si étroites, on ne vit partout que pouvoirs usurpés, tyrannies ouvertes, soupçonneuses, partant cruelles et sanglantes ; le poignard, le poison montraient constamment leurs traces dans les combinaisons politiques et des bandes interminables d'exilés erraient d'une ville à l'autre, attendant le jour de mettre, à leur tour, dehors, ceux de leurs rivaux exécrés qu'ils n'égorgeraient pas.

On se figure les habitudes de ces citadins sans cesse harcelés par un meurtre accompli, à craindre ou à commettre. Dans les rues étroites, sombres et tortueuses, les portes des maisons étaient basses afin que l'entrée fût difficile et aisée à défendre. Sur les murailles s'espaçaient des créneaux afin de pouvoir tirer à l'abri la flèche ou le vireton, plus tard l'arquebusade, sur le voisin détesté. Fallait-il circuler dans tels moments où les querelles étaient plus flagrantes, on n'eût pas commis la folie de marcher au milieu de la voie ; on se glissait le long des murs et tout en cheminant on avait l'œil aux aguets et la main près de la dague. Même chez soi, portes closes, dans sa maison avec sa femme, avec ses enfants, on prenait garde ; on éprouvait ce qu'on mangeait et ce qu'on buvait ; surtout on ne se couchait pas sans avoir fait la visite du logis et exactement verrouillé les portes.

Les esprits étaient durs ; en outre les tempéraments singulièrement passionnés. De même que l'on tâchait de devenir le maître de sa ville et de poignarder les gens du parti adverse, de même on se rendait amoureux jusqu'à la fureur et jaloux par delà toute rage. Les précautions florentines allaient à la démesure. Les femmes vivaient enfermées dans leurs demeures bien autrement closes que des harems. Dante, en racontant les histoires de la Pia et de Françoise de Rimini, a montré comment pouvaient finir les tendresses, et cependant, Boccace a révélé aussi, dans son langage ravissant, en présentant à l'imagination les plus délicieux paysages, les scènes les plus enchanteresses, comment elles pouvaient réussir.

Ce pays singulier, si agité, si tourmenté, si révolutionné, si cruel, si féroce, si criminel, aurait dû avoir l'humeur sombre ; nullement. Il était aussi gai, aussi vivant, aussi brillant que sociable ; il était sociable surtout; c'était par là qu'il se distinguait des autres contrées plus ou moins brutales, plus ou moins hargneuses. Il avait toutes les ambitions et les plus contrastantes; il aimait la liberté avec le même emportement qu'il recherchait le despotisme. Quand on ne s'égorgeait pas, on s'embrassait avec l'affection la plus véhémente et au sortir d'une conspiration compliquée des perfidies les plus inouïes, on construisait avec recherche le plus délicat des sonnets. La littérature fut de très bonne heure une grande affaire; tandis que tout le reste de l'Europe n'estimait encore que la métaphysique, là, on mettait au premier rang des travaux de l'esprit le bien dire. Ces riches marchands, ces usuriers sans pitié qui pesaient l'or et rédigeaient leurs cédules dans les boutiques de Venise, de Florence, de Pérouse, ces spéculateurs rapaces qui étendaient les filets de leur avarice jusqu'à Londres, jusqu'à Anvers et faisaient naviguer leurs flottes plus loin que la Hollande, étaient d'exigeants amateurs de poésie. C'est parce que les muses latines n'avaient jamais tout à fait cessé de vivre sur le sol qui leur avait donné jadis la naissance.

Les collections de manuscrits anciens ne manquaient pas. On les consultait plus que dans le nord; à tous les moments, on les avait mieux compris. Dès lors, quand les esprits se réveillèrent, si l'Italie ne fut pas la seule à se mettre sur pied, elle s'y mit plus vite et plus solidement; elle prit la tête de la procession qui tournait et remontait vers l'antiquité. Chez elle l'art avait surtout connu les styles byzantins et romans; il avait ignoré les différentes variétés du gothique; il était donc toujours resté plus près des méthodes antiques; puis nombre de chefs-d'œuvre étaient demeurés là sous les yeux de chacun; dès le XIIIe siècle, quand, par hasard, on avait tiré de la terre quelque statue, on l'avait assez tenue en estime, pour la mettre en sûreté dans une sacristie. L'esprit italien ne comprit jamais que la statue de Vénus ou celle de Jupiter fussent indignes de la protection d'une église. Quand on commença sérieusement à réfléchir à la beauté, on y attacha un prix bien plus grand encore. Les objets antiques jusqu'alors trouvés, exhumés sans qu'on les cherchât, on voulait désormais en augmenter le nombre. Il n'y eut qu'à fouiller le sol et devant les regards ravis les tombeaux s'ouvrirent, les chefs-d'œuvre ressuscitèrent ; et ces glorieux morts, retrouvant la parole, commencèrent leurs leçons devant une foule enivrée. Mais le goût, le besoin de l'expression idéale et en même temps vraie et vivante existait en Italie comme ailleurs ; le sentiment germanique et chrétien ne se contentait pas de l'ancienne beauté, il voulait la nouvelle ; il tenait comme le goût flamand à ce que l'âme se révélât dans les physionomies et sût parler, de sorte que les Byzantins se trouvèrent avoir formé des élèves bien supérieurs à eux-mêmes. Les écoles d'où étaient sortis Giotto, Orcagna, Masaccio étaient pourvues de ce que la conception moderne avait su produire de plus complet. On n'aurait pas pu renoncer aux conquêtes acquises. On ne retournait donc pas à l'art antique. Ce fut le plus grand des bonheurs, mais ce ne fut pas le seul.

L'Italie se voyait plus opulente qu'aucune autre région. Son immense commerce avait, sans doute, accumulé bien des richesses dans ses comptoirs ; mais ce n'était peut-être pas encore la moitié seulement de sa fortune. La constitution fiscale de la catholicité faisait arriver à Rome les contributions abondantes des différents Etats. Ces tributs qui, sous mille formes, étaient absorbés incessamment par la chancellerie pontificale, créaient des ressources dont les loisirs des grands répandaient la rosée sur la culture des arts en même temps que sur la propagation de tous les vices. La cour romaine payait surtout des cuisiniers, des veneurs, des parfumeurs, des baladins, des bravi ; elle soutenait peu les littérateurs ; elle n'avait ni peintres, ni sculpteurs, ni architectes, ni ciseleurs, ni orfèvres avant le règne de Jules II. Cependant, comme son argent ne lui restait pas, il allait dans le reste de la péninsule favoriser ce qui se faisait alors tant aimer. Le magnifique Laurent de Médicis et avec lui, les souverains de Ferrare, de Mantoue et d'Urbin donnaient l'exemple d'une passion immodérée pour le culte de l'intelligence. Les Bentivoglio, seigneurs de Bologne, les Pico de la Mirandole, suivaient de près de tels exemples et il n'était si petit feudataire dans les Romagnes, si petit despote dans les Républiques qui ne se fît un point d'honneur de sacrifier aux Muses.

L'Italie n'était guère chrétienne et ne l'avait jamais beaucoup été. De bonne heure la Vierge avait pris dans son imagination l'attitude d'une Déesse ; les Saints s'étaient changés en Génies topiques. Les scandales ecclésiastiques, se déployant sans nulle mesure dans la ville de saint Pierre, n'avaient pas inspiré aux peuples le respect des choses saintes. Cependant, comme ailleurs, on sentait là et quelquefois vivement, que le clergé n'écoutait pas sa vocation, que les doctrines apostoliques étaient flétries sans justice ni raison par des pratiques odieuses et que le monde eût gagné à ce que le trône pontifical étincelât de vertus au lieu de s'entourer de tant de vapeurs méphitiques. Peu s'en était fallu qu'une des hérésies les plus familières aux esprits chrétiens dévoyés ne triomphât dans la Toscane, au temps où les disciples de saint François d'Assise, vrais ébionites, vrais pastoureaux, avaient voulu implanter la religion des pauvres. Le danger fut si grand alors et la crainte si vive que le Saint Siège commença par pactiser avec les novateurs. Il les désarma ensuite ; mais leur théorie persista en face de l'opulence cléricale ; on continua à penser que les successeurs du pêcheur de Génésareth étaient faits pour la modestie, l'humilité, l'indigence ; qu'un clergé arrogant et amolli était une anomalie insultante à la Croix et que la communauté des fidèles ne pourrait être ramenée dans le bercail, dont il n'était que trop évident qu'elle avait perdu la route que par des pasteurs marchant nu-pieds, vêtus de bure et porteurs de houlettes de bois. C'était ce que pensaient les Italiens du XVe siècle, quand ils pensaient à la religion. Mais il faut le répéter, ils y pensaient moins qu'on ne faisait ailleurs ; ils avaient trop d'affaires, ils aimaient trop le plaisir, ils ressentaient trop d'ambitions et trop diverses, ils vivaient trop de la vie mondaine et, surtout, ils recherchaient trop, et voulaient par-dessus tout, ce qui faisait spectacle.

Les populations de la péninsule vivaient donc dans ces dispositions, Alexandre VI Borgia, occupant la chaire de saint Pierre, les Aragonais régnant à Naples, les Vénitiens se querellant avec les ducs Sforza de Milan, les Français, appelés par Ludovic le Maure, se préparant à entrer dans les provinces piémontaises, les Florentins, sous Pierre de Médicis, se réveillant de l'ivresse que leur avait versé l'administration habile et captieuse du Magnifique Laurent, le reste du pays étant fractionné à l'extrême entre des Républiques et des Seigneuries, et les bandes voyageuses des condottières cherchant la solde de qui voulait d'eux, quand il se manifesta dans plusieurs cités du nord une sympathie singulière pour un certain moine dominicain dont les prédications faisaient accourir les foules.

Ce religieux que sa bonne naissance et l'état de sa fortune semblaient réserver a un sort brillant, était entré dans l'ordre par une vocation d'autant plus solide qu'elle avait été fort combattue. C'était un homme savant, méditatif, songeur ; on ne le vit jamais sourire ; il était d'un tempérament faible et, souventes fois, abattu par la débilité de son corps. S'il se relevait, s'il se maintenait, c'était sous les coups d'éperon de la volonté. Une foi ardente le remplissait. Prédicateur cher aux populations, il ne discutait pas, il affirmait, il imposait, le ciel lui avait donné le don de l'autorité. En l'écoutant, on se sentait ravi et dans sa main. Ce moine s'appelait Jérôme Savonarole.

La taille de ce héros, car ce fut un héros, était petite et frêle ; la poitrine était un peu enfoncée ; l'attitude semblait celle d'un corps chargé d'une âme trop lourde. Mais la figure jaunie, maigre, allongée étincelait du feu de deux yeux noirs et profonds allumés sous d'épais sourcils. Les mains fines et pâles s'agitaient nerveusement, mais non sans noblesse, pour accompagner et frapper des paroles pénétrantes, sortant de lèvres minces et légèrement colorées ; le front plus blanc que le visage, haut, bombé, dénonçant la prédominance de l'imagination et de l'enthousiasme sur la raison froide... Mais quoi ? Pourquoi faire le portrait de cet homme ? Le voilà lui-même ! Le voilà... il marche au long du cloître du couvent de Bologne... Le poids de la réflexion le courbe... il n'est pas seul... il parle... et on va entendre ce qu'il dit.

DEUXIÈME PARTIE

CÉSAR BORGIA

L'idée de relever l'Italie en relevant les mœurs venait d'échouer. Savonarole avait voulu par les moyens purement catholiques, et sans toucher ni à l'unité de l'Eglise ni à la tradition de la Foi, cicatriser les plaies trop vives. Ce ne devait être que longtemps après lui et par contrecoup du triomphe de l'hérésie et du schisme, que les projets du réformateur pouvaient recevoir une sorte d'application. Encore l'Italie n'avait-elle pas à profiter de cette combinaison exclusivement gallicane. Pour le moment, quand s'éteignirent les flammes du bûcher où s'abîma le dominicain, toute notion d'amener l'unité, la liberté et l'ordre par la puissance de la vertu fut abandonnée comme la plus folle des chimères. Ce qui resta dans l'imagination des Italiens, ce fut seulement la préoccupation de fermer le territoire de la patrie aux intrus, d'exclure ceux-ci de la participation aux richesses, aux splendeurs, aux arts, aux jouissances d'une terre considérée par ses habitants comme sacrée, et de chercher à mettre fin au morcellement de cette terre en créant soit une souveraineté unique, soit un nombre restreint de souverainetés dont le premier mérite serait de réaliser une force redoutable aux gens du dehors, et indomptable pour leurs ambitions.

Les Espagnols tenaient l'extrémité méridionale de la péninsule. Il s'en fallait que la malveillance les atteignît de la même force que les autres étrangers. D'abord, ils étaient depuis longtemps maîtres de la contrée. On s'était accoutumé à les y voir. Ensuite cette contrée elle-même n'était presque pas considérée comme italienne ou l'était du moins à un degré inférieur. On l'appelait « le Royaume" ; c'était un fief du Saint-Siège, mais, depuis la chute de l'Empire d'Occident les destinées de ces provinces avaient été spéciales. Des Byzantins y avaient régné ; puis des Arabes, puis les Allemands des Hohenstauffen après les Normands ; puis, un instant, les Français, et, quand les Aragonais avaient hérité de ces restes tant maniés, on ne les avait pas jugés spoliateurs ; ils n'avaient pris que ce qui appartenait au premier occupant. En outre, les Napolitains n'avaient pas les mœurs des autres populations. La féodalité se montrait chez eux remuante, mais peu vigoureuse ; les grands seigneurs sans cesse en rebellion fuyaient sans cesse devant quelques lances envoyées de Castille. C'était un pays peu estimé de ses voisins, encore moins de ses maîtres, peuplé de paysans brutaux, sauvages, de citadins avares et bassement corrompus. Les arts y étaient médiocrement cultivés. La littérature brillait davantage, mais sans exciter assez de sympathie, car elle était surtout inspirée par le panégyrisme. Pour ces différents motifs, aussi longtemps qu'on avait à s'occuper en Italie d'autres intrus, on n'en voulait que faiblement aux Espagnols.

Les Allemands déplaisaient davantage, sans cependant être trop détestés. Sujets et représentants du Saint Empire Romain, on leur reconnaissait une sorte de droit à intervenir dans les affaires de la péninsule. Les Gibelins s'appuyaient sur eux. Les Guelfes ne voulaient pas une rupture absolue. Ensuite, les rapports commerciaux étaient constants avec les villes hanséatiques ; enfin, dans les deux pays la science était grandement honorée, et, bien que d'après des systèmes différents, on s'y occupait beaucoup des arts. Ce qui gênait et rebutait, c'était la rudesse de la soldatesque germaine. Mais on savait, alors, supporter de pareils inconvénients.

La malveillance s'attachait principalement aux Français. On ne se rendait pas compte de leurs droits à troubler l'Italie. Eux, ils assuraient que « le Royaume" leur devait être dévolu parce qu'ils avaient hérité de la maison d'Anjou. Mais sans compter que cette prétention n'avait sa source que dans une boutade pontificale, et encore notablement ancienne, l'exercice n'en avait été ni heureux, ni brillant. D'autre part, c'était, sous le règne de Louis XI, les Gênois qui d'eux-mêmes s'étaient jetés dans les bras de la France ; et au temps du feu roi Charles VIII, c'était le duc Ludovic de Milan qui avait organisé l'expédition de Naples et opposé au Pape comme aux Aragonais cet envahisseur qu'il devait abandonner bientôt et précipiter dans la bagarre de Fornoue. De leur côté les gens de Florence avaient coutume d'affecter un certain goût pour les rois français ; ils les déclaraient volontiers protecteurs de leurs franchises et à travers les tromperies, les perfidies, les violences des deux parts, le train ordinaire de la politique, cette sorte de fiction durait. Pourtant, en fin de compte, les Florentins comme les Gênois, les Milanais comme le Pape, ne consentaient pas à laisser leurs alliés du dehors, quels qu'ils fussent, Français, Allemands, Espagnols, sortir d'un rôle subalterne. Ces étrangers étaient des massues ; ils s'en servaient pour s'entrefrapper et comptaient les brûler après la victoire.

Désormais, Ludovic le Maure ne pouvait plus utiliser l'intervention française ; il l'avait trop vilainement trahie. Il demeura donc son adversaire. Mais le roi, successeur du jeune Charles VIII, Louis XII s'accommodait fort d'une telle hostilité. Comme duc d'Orléans et représentant des droits de Valentine, il réclama le duché ; il le prit avec une facilité incomparable, trait de physionomie de toutes les conquêtes des Français pendant ces guerres, et Ludovic, mal servi, battu, fait prisonnier, alla mourir au château de Loches après une captivité de dix ans. Pendant ce temps, beaucoup de choses se passaient dans le monde saisi de cette fièvre d'action qui devait le secouer pendant la première moitié de ce siècle. Les Turcs, sous la main de princes d'une énergie puissante, d'une volonté barbare, d'une grandeur d'idées égale à leur mépris pour la foi chrétienne, servis par des troupes supérieures à ce que les royaumes d'Occident leur opposaient, les Turcs faisaient sentir leur poids et inspiraient une terreur immense qui, toutefois, ne distrayait pas les princes de l'Europe du souci plus pressant de s'entredétruire. On parlait sans cesse de croisades à Rome, à Venise, à Valladolid, à Paris, même à Londres ; surtout à Vienne. Au fond, chacun savait, pour peu qu'il fût initié aux passions du temps, à quel point ces propos étaient chimériques ou mensongers. Le seul effet qu'ils pussent avoir, était de justifier les vastes collectes d'argent organisées par les moines franciscains, fortement suspects de se montrer dépositaires peu fidèles ; néanmoins les populations donnaient toujours, parce qu'elles avaient l'effroi du Turc. La cour de Rome tirait à elle ce qui de ces profits ne se perdait pas en route.

En même temps, les Espagnols continuaient leurs découvertes dans les régions atlantiques. La curiosité et l'intérêt général en étaient passionnément excités et la gloire castillane s'augmentait de cette émotion universelle. Tout ce qui arrivait des contrées étranges dont on exagérait les singularités, était fait pour ébranler les imaginations si éveillées déjà : des hommes d'une couleur et d'un aspect nouveaux, des oiseaux verts, des singes, des ouvrages délicats et bizarres travaillés avec des plumes teintes des couleurs et des nuances les plus inattendues, et surtout beaucoup d'or, beaucoup d'argent, des pierreries. On se disait que là-bas les métaux précieux jonchaient la terre. Les esprits hardis et portés au décousu s'enivraient de pareils récits. Dans chaque pays on organisait des expéditions ; il en partait d'Angleterre comme de France ; mais après les Espagnols, les Portugais se montraient les plus chanceux. Pour s'enrichir, pour vaincre, pour dominer, pour aller chercher ce qu'on n'avait encore observé jamais, les marins de Lisbonne se lançaient sans hésiter au hasard des flots à travers les espaces incalculés des mers inconnues ; dans la première année du siècle, Alvarez Cabral, en toute pour les Indes Orientales, avait été jeté par la tempête en face d'une immense étendue de côtes resplendissantes de verdure. C'était le Brésil qui se donnait à lui. Cette excitation, transformant en aventuriers les hommes hardis de la péninsule ibérique, ne les envoyait cependant pas tous dans les parages lointains ; ils trouvaient du butin et des romans plus près d'eux ; ces Valenciens, les Borgia, dont le chef actuel occupait la chaire de Saint-Pierre, traitaient l'Italie comme leurs compatriotes avaient fait Hispaniola, et Don César Borgia, le fils d'Alexandre, naguère cardinal, maintenant capitaine, se promenait dans le centre de l'Italie absolument comme Cortez le fit quelques années plus tard au travers du Mexique.

Il s'était acquis l'amitié de Louis XII, après avoir vainement cherché un point d'appui chez les Aragonais, Il semblerait que ceux-ci, experts en ambition et en rapacité, aient frissonné devant ce qu'ils devinèrent de ce cœur de bronze. Le roi de France fut moins perspicace. Don César l'avait aidé à se délivrer de sa femme, la sainte Madame Jeanne de France. Il lui avait rendu également possible d'épouser la veuve de son prédécesseur, l'héritière de Bretagne. Pour ce double service, il devint duc de Valentinois, capitaine d'une des compagnies de l'Ordonnance et mari de la sœur du roi de Navarre. Cet ambitieux de grande portée possédait tous les dons de nature. Beau, fort, rusé, féroce, il était d'une intelligence immodérée. La politique ne l'absorbait pas ; il s'entendait en peinture, en sculpture, en architecture, en musique ; il le disputait au duc Alphonse de Ferrare comme ingénieur et artilleur excellent. Il savait non pas tout, mais de tout, sauf le scrupule. Quand il se vit aussi grand seigneur que sa naissance, l'appui du pape, l'appui du roi, son mariage, son duché, sa compagnie de gendarmes français pouvaient le faire, il n'hésita pas ; il chercha quel bien d'autrui lui convenait et d'un coup mit la main sur la Romagne, dépouillant, chassant, épouvantant les possesseurs des villes et des seigneuries ; ceux qu'il saisit, il les tua, et comme ce n'était encore rien pour lui que la Romagne, il prit le duché d'Urbin dont le maître, Guidobaldo, eut le bonheur de s'enfuir à temps. Déjà il se demandait ce qu'il allait enlever encore, lorsque les princes d'Italie remontrèrent à Louis XII le danger d'un tel favori.

Louis XII fut étonné ; il examina ce qu'on lui disait ; il prit souci. Mais il était en puissance du premier ministre ; le cardinal d'Amboise, infatué de la passion de devenir pape après Alexandre, avait besoin de Don César ; il pallia les choses, nia ce qu'il put, fut obligé de reconnaître pour avérés nombre de méfaits, de cruautés, de perfidies, de menées captieuses, inquiétantes, car Don César, tout Français qu'il était, négociait cependant avec l'ennemi et avait la main à des plats bien divers servis sur toutes sortes de tables ; mais, en somme, le Cardinal conclut en faveur de son confident ; il ébranla son maître et le ramena. Averti de ce qui se passait, le duc de Romagne accourut à Milan, où se trouvait le roi. Il rit de ce qu'on lui reprochait, plaida, protesta, jura, s'emporta... Peut-être pleura-t-il ; il caressa, il s'insinua, il remontra, il attendrit, il toucha... ses mille replis tortueux, onctueux, doux, saisissants, ses couleurs brillantes, il les fit miroiter dans tous les sens ; elles ahurirent l'esprit peu délié et peu d'aplomb du roi français ; il rétablit ses affaires dans le plus bel ordre du monde et prouva que, puisqu'il était l'ami indispensable du monarque Très-Chrétien, on devait se fier à lui ; mais tandis que, de la sorte, le roi et le cardinal-ministre le tiraient de leur mieux dans le ciel du succès, tout à coup le sol s'effondra sous ses pieds. Il lui arrivait presque pis que d'être abandonné par Louis XII : ses troupes se révoltaient. Leurs capitaines, gens aussi avides que Don César, moins doués pour le commandement sans doute, mais aveugles sur leurs propres incapacités et clairvoyants sur ses convoitises, étaient las de jouer dans ses mains froides comme des instruments que l'on va casser après s'en être servi. Ils prétendaient reprendre pour eux-mêmes ce qu'ils avaient pris pour lui et dont il ne leur faisait pas une part assez large. Eux seuls conduisaient sa force militaire ; ils ne prenaient pas garde qu'ils n'avaient de force politique que par lui, par ses inventions, par ses machinations, par sa volonté supérieures à ce qu'ensemble ils pouvaient réunir de génie. Ils prirent ainsi la résolution de mettre leur chef à bas et de s'emparer de sa place vide. Assailli par les siens, que pouvait César ? Il se trouvait en face de populations usurpées et tout nouvellement réunies sous son sceptre qui n'en était pas un. Que pouvait-il réclamer ? A quel principe de droit prendre son refuge ? Il tombait du choc. Probablement, le roi Louis XII, après lui avoir rendu ses bonnes grâces comme au duc de Romagne, allait trouver plus commode de l'avoir pour serviteur.

Dans cette position si critique, Monsieur de Valentinois ne s'arrêta pas longtemps à calculer. Il se précipita dans l'abîme grand ouvert. C'est au fond qu'il faut aller le chercher et le voir agir.

TROISIÈME PARTIE
JULES II

Pendant que Don César Borgia se ruinait en Italie, les Français portant le loyer de leurs fautes, perdaient Gaète, leur dernier asile du côté de Naples. Ils se prirent à désespérer de leur ambition si malheureuse. Laissant le royaume à l'Espagne, ils conclurent avec Ferdinand d'Aragon une paix qui devait finir avec leur lassitude. Cependant ils sentaient leur popularité bien faible. Gênes, occupée depuis l'année 1499, dégoûtée d'eux et abondant en conspirations, s'insurgea et les mit dehors. A Florence, le gouvernement, demi-populaire, demi-aristocratique, sous les successeurs hésitants de Savonarole, ne leur voulait aucun bien. On ne le disait pas trop haut, mais depuis les affaires de Pise, où le discernement de Charles VIII n'avait pas joué un beau rôle, les Florentins ne se souciaient guère d'un allié qui soutenait contre eux leurs sujets rebelles et leur parlait le plus volontiers de contributions d'argent. Dans ces temps de grands embarras, on n'aimait pas les amis besogneux. C'était avoir assez à faire déjà, que de concilier les grands et le peuple ; avec une secrète épouvante, on tenait les yeux sur la muraille où passait et repassait l'ombre des Médicis, tout prêts à reprendre leur pouvoir ; personne ne l'ignorait, beaucoup de gens le souhaitaient, et Pier Soderini, le gonfalonier perpétuel, doctrinaire impuissant, avait peu de moments pour servir Louis XII, quand, du soir au matin, il lui fallait compter avec les velléités et les prétentions d'un peuple vieilli, amoureux, disait-il, de l'agitation politique, mais entraîné par l'état de ses mœurs vers un repos sans noblesse, celui précisément que les Médicis promettaient.

Cependant, le roi Très-Chrétien, dépouillé de ses prétentions sur Naples, n'en tenait que plus fortement à ses idées milanaises. Afin d'y donner carrière, il négocia, il appela à lui les forces qu'il put gagner, et à sa grande joie parvint à conclure, le 10 décembre 1508, cette Ligue de Cambrai dirigée contre les Vénitiens, et dans laquelle s'unirent le pape Jules II, Ferdinand d'Aragon, l'empereur Maximilien, les ducs de Savoie et de Ferrare et le marquis de Mantoue. Il fut stipulé que le Saint Père reprendrait les villes de la Romagne, enlevées par saint Marc dans les dépouilles de César Borgia ; l'empereur devait avoir Vérone, Vicence, Padoue et d'autres places moindres avec le Frioul ; le Roi Catholique s'emparait de Trani, de Brindisi, d'Otrante, de Monopoli et, quant à la France, elle gagnait Bergame, Brescia et Crémone, anciens démembrements du territoire milanais. Le résultat de ces revendications devait être d'arracher à la République ces domaines de terre ferme qu'avec tant d'efforts, tant de dépenses, tant d'habileté, elle avait réussi à grouper autour de ses lagunes.

Louis XII, au comble de la joie, commença la campagne avec l'impétuosité ordinaire aux Français. Il se jeta sur les provinces convoitées, fondit sur l'armée vénitienne et la battit à plate couture à Agnadel. Ce fut un beau triomphe. Il fut remporté sur un des plus grands hommes de guerre de ce temps, l'Orsini, Barthélemy Alviane, soldat plein de bravoure et de génie.

Mais tandis que les armées royales faisaient ainsi des miracles, les impériaux se comportaient mal. La présence de Maximilien ne les animait pas. Ils traînaient leurs mouvements en longueur et les Vénitiens, excités au lieu d'être abattus par leur désastre, reprirent Padoue bravement, mirent l'Empereur dans la nécessité de reculer et chassèrent ses troupes de Vicence. Leur adversaire, qui entretenait de sa grandeur les idées les plus exaltées, avait pour coutume de vivre dans un héroïsme théorique et une nonchalance pratique constamment parallèles; pour s'entourer de l'éclat dont son imagination aimait les splendeurs, il lui fallait de l'argent; il n'en avait pas; ce fut la grande plaie de sa vie et la cause de bien des actes peu proportionnés à ses prétentions sublimes. Cette fois, au milieu de ses défaites et pressé de çà et de là par les Vénitiens jusqu'en dehors de l'Italie, il eut cette consolation de remplir son trésor. Pour une somme de 150.000 ducats que lui compta Louis XII, il accorda à cet allié l'investiture impériale du duché de Milan et s'en alla. Ce fut fini de son secours.

D'un autre côté le Pape, tenant désormais la Romagne, ne voyait plus d'utilité à l'alliance française : il y renonça brusquement et s'unissant aux Vénitiens attaqua avec eux les Français; à son tour le Roi Catholique, satisfait comme l'était Jules II, imita l'exemple du Saint Père. Sauf les ducs de Ferrare et de Savoie, l'Italie entière se trouva debout contre Louis XII. La Ligue de Cambrai était retournée. Mais ce ne fut pas encore assez pour le Pape d'avoir mis son allié de la veille dans un pareil danger. Il voulait lui porter un coup si rude que les Français fussent définitivement chassés et mis dans l'impossibilité de revenir jamais. Il attira Henry VIII d'Angleterre dans la nouvelle Ligue qu'il appelait Sainte. Henry devait servir la cause commune en menaçant les côtes de Bretagne, de Normandie, de Gascogne et en lançant hors des murs de Calais des bandes de pillards sur les campagnes picardes. C'était une conception hardie et qui élargissait singulièrement l'horizon de l'action politique. Dans le même esprit, Jules II, par l'intermédiaire du Cardinal de Sion, son favori, homme de grand courage, de grande obstination, de grande brutalité, Jules II avait éveillé l'activité des cantons suisses; il promettait aux montagnards une solde énorme et le pillage du Milanais. Aussitôt ces braves, enthousiasmés, descendirent de chez eux en bandes épaisses. Et les hallebardes sur l'épaule, la grande épée à deux mains au dos, infanterie irrésistible, ils débouchèrent par les défilés de la Valteline et proclamèrent leur sainte volonté de ne pas laisser péricliter la cause de l'Eglise.

Aux premiers souffles de cette tempête, Louis XII se raidit avec une vaillance admirable. Il jeta des troupes en Romagne ; il annonça que Jules II, pontife indigne de la tiare, allait en être dépouillé et pour procéder au jugement, d'accord avec l'Empereur, il fit réunir un concile à Pise. La déposition de Julien de la Rovère était assurée, pensait-on. En même temps, le neveu du roi, Gaston de Foix, duc de Nemours, tout jeune, vingt-quatre ans, promenait de lieux en lieux ses drapeaux triomphants et par son audace réfléchie, ses conceptions vives et sûres, son activité incomparable étonnait l'Europe et la frappait d'admiration pour un génie guerrier si précoce. C'était l'un de ces Dioscures qui ont brillé dans le ciel de la maison de France et dont l'autre fut le grand Condé. La comparaison n'est que trop exacte, pour Nemours du moins ; il disparut comme une étoile filante ; il mourut jeune ainsi que le frère de Pollux ; la victoire de Ravenne l'engloutit. A dater de ce moment, tout alla mal pour Louis XII.

Avec un héros de moins de son côté, il se trouvait en face de son infatigable et implacable pontife, l'homme qui ne s'arrêtait ni dans la bonne, ni dans la mauvaise fortune, tenant constamment les yeux, les mains, l'esprit, où il fallait pour l'exécution de ses desseins. Jules II réussit à travailler l'Empereur de si près qu'il le saisit et le retourna. Maximilien abandonna Louis XII, le déclara forfait du Milanais et rendit le duché aux Sforzes. Alors les Français durent s'en aller. Ce fut une déroute. Gênes reprise se souleva ; Parme et Plaisance se donnèrent au Pape ; le triste concile de Pise dont quelques pauvres cardinaux fugitifs avaient essayé vainement d'asseoir la ridicule autorité, ce misérable conciliabule qu'il avait fallu ramener sous bonne protection jusqu'à Milan pour fuir les lazzis, les injures et les projectiles de la populace pisane, ce groupe fâcheux de théologiens se mit en déroute avec les groupes de Louis XII à travers les plaines de la Haute Italie. Parmi les fuyards s'en allait, tenant une attitude bien différente de la leur, captif mais très vénéré, le légat de Jules II, prisonnier de Ravenne, ce Jean de Médicis qui devait être un jour Léon X. Les Français n'avaient été nullement les derniers à se moquer des pères de leur concile ; en ce temps-là ils étaient portés de nature à se faire à eux-mêmes opposition ; en conséquence, tout en courant vers leurs frontières, ils s'amusaient à porter aux nues ce cardinal que leur roi comptait tenir en France dans une étroite prison. Cette espérance fut trompée, car au travers des péripéties d'une fuite désordonnée le prisonnier s'échappa. Il revint auprès du pape qui frappait à coups redoublés sur les derniers partisans de la France. Le duc de Ferrare avait eu beau se tourner contre les soutiens de sa maison ; Jules II voulait l'exterminer ; il prétendait d'ailleurs réunir les domaines de la maison d'Este au patrimoine déjà sensiblement élargi de Saint Pierre. Quant aux Florentins, ils avaient mal usé de leur fortune qui leur avait rendu Pise, en permettant au concile français de s'y former. Le Pape leur pardonna d'autant moins qu'il avait hérité des espérances de César Borgia sur la Toscane. Il dirigea en conséquence Don Raymond de Cardone et l'armée espagnole contre les bandes à la solde des Florentins. Cependant, Maximilien Sforze, fils de Ludovic le Maure, rentré à Milan, s'y était installé, et serré dans l'étau de la protection des Suisses, il avait donné aux petits cantons Lugano, Mendrisio et d'autres lieux situés sur le cours supérieur du Tessin, tandis qu'aux Ligues Grises il abandonnait les pays de Bormio et de Chiavenna. Les Suisses satisfaits lâchèrent enfin leur pupille. Des Français, il en restait çà et là quelques poignées abandonnées dans des places fortes.

Si l'on considère quel était alors l'état de leur propre pays, rien ne semble leur avoir été plus funeste que la passion pour les descentes en

Italie. La Guyenne acquise seulement depuis 1453 n'était pas encore très affectionnée. Pendant des siècles cette province s'était administrée elle-même sous le protectorat anglais ; elle avait vécu sans beaucoup de contraintes, payé peu d'impôts, et le nouveau régime lui semblait onéreux. Il lui apprenait à donner beaucoup, à se voir en mille manières gourmandée et menée haut la bride par les gens du roi. Aussi les Aquitains étaient-ils séditieux. Puis le royaume ne possédait pas le Roussillon ; il avait gagné la Provence, mais le Dauphiné n'était qu'annexé et non fondu ; le comté de Bourgogne, l'Artois, la Flandre ne faisaient pas partie de la monarchie, non plus que la Lorraine, non plus que les trois évêchés de Metz, Toul et Verdun. Calais et son territoire restaient dans les mains de l'Angleterre et gênaient les mouvements et la respiration de la région du nord-ouest. La Bretagne en état séparé et indépendant, rattachée à la couronne par mariage, jalousait la puissance conjointe. Qu'on regarde la carte et on ne mettra pas beaucoup de temps à rester convaincu de cette vérité : la France avait mieux à faire qu'à s'annexer le Milanais, si l'on ne veut juger des choses qu'au point de vue étroitement pratique des intérêts du moment.

Cette vérité a tellement frappé les historiens que la plupart d'entre eux cherchent dans des causes minimes la raison déterminante de ce qui leur semble folie, On s'est dit que, sous Charles VIII, l'esprit aventureux du roi avait seul jeté la France en avant. Sous Louis XII, on a vu, dans la même action, les préoccupations personnelles du cardinal d'Amboise employant à servir ses fantaisies d'ambition papale l'excès d'autorité dont la faiblesse du monarque le faisait dépositaire. En analysant ainsi les choses, on explique, en effet, comment les ressources encore si faibles du royaume allaient se perdre dans des entreprises mal combinées qui n'amenaient les bandes françaises dans la péninsule que pour les faire bientôt sortir d'une manière plus ou moins malencontreuse. On explique également par des intrigues de cour, comment les chefs militaires et les administrateurs des pays si précairement conquis étaient le plus souvent impropres aux fonctions confiées à leurs mains ; on explique enfin les violences, les exactions, les malversations, les maladresses d'où résultaient les désastres.

Mais ce qu'on n'explique pas, c'est le goût général pour les expéditions d'Italie répandu alors, non seulement en France, mais en Allemagne, en Espagne. Dans tous ces pays les intérêts directs et journaliers eussent également réclamé contre la disposition universelle à se distraire des questions locales pour s'en aller dans la péninsule. Tout le monde y courait, en effet, Picards et Saxons, Castillans et Suisses. Et, cependant, on avait beaucoup d'autres choses à faire et on les faisait. Le cardinal Ximenès employait les revenus de son archevêché de Tolède, le plus riche du monde, à louer des troupes qu'il conduisait lui-même au siège d'Oran ; Alphonse d'Albuquerque promenait les quines portugaises sur les mers de l'Inde orientale, et fondait à Goa un empire étendu de la mer d'Arabie aux côtes de la Chine.

L'Allemagne riche, savante, habile aux libertés locales, gravitait de son côté vers l'Italie, tout comme la France, le Portugal, l'Espagne. Il est bien vrai que les souverains de ces pays ne songeaient qu'à des satisfactions ambitieuses et les courtisans à des occasions de fortune, mais au-dessus de ces mobiles particuliers, un mobile bien autrement fort était celui qui mettait en branle l'esprit du siècle. Il n'y a pas de doute : on allait d'instinct chercher la lumière intellectuelle là où elle était. On sentait vaguement, mais on sentait cet intérêt de premier ordre et on travaillait de façon à y satisfaire. On ne s'expliquait pas bien ce que l'on voulait de l'Italie ; on se trompait le plus généralement sur ce qu'on allait lui demander ; elle-même se trompait beaucoup plus que ses assaillants en se supposant le pouvoir de les attirer et de les repousser à son gré ; mais il n'est pas moins vrai que l'avenir du développement intellectuel dans le monde exigeait qu'un rapprochement général eût lieu, et il eut lieu, en effet, non parce que l'Italie fût contrainte de donner quelqu'un de ses membres à tous ces étrangers qui la voulaient mettre en pièces, mais parce qu'à tous elle inocula quelque chose de son génie. Tout ce travail de gravitation inconscient, la manière dont les influences, les émanations intellectuelles se répandirent, est assurément une des démonstrations les plus fortes de l'existence de ces lois mystérieuses qui, à certains moments, agissent sur le développement de l'humanité, tout à fait de même que, dans une application organique, ces mêmes lois, ces mêmes causes opèrent sur la croissance et la coloration des corps.

Le héros de cette période renfermée entre les dates de 1503 à 1513, c'est Jules II. Dans cet ensemble si complexe, si rempli de fibres vivaces et excitées, Jules II, ce Julien de la Rovère, représente le plus complètement et avec le plus de force, la fibre énergique. Dans le bouillonnement général, il bouillonne plus que tout. Sa vie entière avait été une appétence irritée vers l'action et la création. En ce temps où chacun voyait grand, il voyait aussi grand que quiconque et portait ses mains actives à produire les plus vastes réalités. Scrupuleux, il ne l'était pas ; mais qui l'était ? Il avait passé les années de sa jeunesse et de son âge mûr à chercher les moyens de l'omnipotence, afin de mettre en œuvre les idées qui remplissaient sa tête et gonflaient son cœur. En même temps qu'il avait défendu sa vie contre Alexandre VI, il s'était sans cesse enfoncé et enfoncé de nouveau dans les mines et contremines nécessaires pour se frayer un chemin vers le trône pontifical. Il avait trompé, dupé, joué le cardinal d'Amboise et bien d'autres. Malheur à ceux qui lui barraient la route ; et, néanmoins, par comparaison, on ne l'estimait pas vicieux ; il était trop imposant ; on ne se fiait pas à lui et on aurait eu tort de s'y abandonner ; pourtant, on le reconnaissait : l'élévation de ses idées qui, en bien des points, le faisaient toucher au sublime, remplissait cette âme singulière d'une sauvage générosité. La gloire du Saint Siège passant, dans son cœur, avant la gloire de sa famille, le rendait plus utile que ses prédécesseurs, et la gloire de l'Italie, étroitement unie dans sa pensée au triomphe de l'Eglise, doit éternellement recommander sa mémoire à ceux qui prennent le patriotisme pour la première des vertus. Du moment qu'un fait lui apparaissait comme élevé, il lui plaisait, il le comprenait, et c'est ainsi que ce pontife orgueilleux et turbulent fut assurément le plus effectif parmi les protecteurs des arts, de même que le temps où il régna fut la véritable période d'expansion du génie de la Renaissance.

QUATRIÈME PARTIE

LÉON X

Le cardinal Jean de Médicis, le futur pape Léon X, apparaît comme une des premières physionomies qui ne ressemblent plus aux figures du moyen-âge. Bientôt, se mettent à ses côtés François Ier et Charles Quint ; ils ne diffèrent pas moins des hommes de la génération précédente ; mais lui est le héraut, il annonce l'époque moderne. On lui voit des mœurs élégantes et non plus passionnées ; il y joint le charme d'une simplicité et d'une modération relatives ; ses scrupules sont médiocres ; pourtant il sent le prix de la mansuétude apparente. Il est peu croyant, mais il ne s'écarte guère d'une décence approximative ; il ne se préoccupe jamais de grandes œuvres, de grandes institutions destinées à produire le bien, et il aime pourtant, dans de petites mesures, la volupté de la bienfaisance : il prend plaisir à doter des enfants pauvres. Il n'est nullement beau ; il a de nobles manières et des habitudes délicates ; ses yeux gros et saillants ne lui permettent pas de reconnaître les objets avec facilité ; ce lui est un motif pour apprécier les avantages du lorgnon et montrer comme on s'en sert avec bonne grâce. Il est gros, sujet à des transpirations violentes qui le gênent excessivement. Il ressent même plus gravement les inconvénients de son tempérament lymphatique et, pendant le conclave d'où il sortit pape, il fut obligé de subir des opérations chirurgicales ; mais il a les mains blanches, longues, potelées, admirables, et par la convenance de ses gestes il sait les faire valoir. Cent ans auparavant et même cinquante, on ne se fût pas avisé de tous ces diminutifs.

Sa naissance en était déjà un. Il se donnait pour prince et, communément, on n'y contredisait pas. Cependant, c'était une fiction. Son père, Laurent, n'avait d'autre position que celle d'un citoyen opulent dont les vertus politiques et le goût exquis en toutes choses servaient bien l'ambition. Rien de plus. Le sang de la famille était du sang de comptoir; le plus mince gentilhomme d'origine féodale n'eût pas admis l'égalité avec cette race marchande et néanmoins, après la révolution de Savonarole, ces fils de négociants exilés florentins, avec tant d'autres, se firent accepter comme du sang supérieur uniquement parce qu'ils prétendirent l'être; on pensa qu'ils étaient aptes à régner un jour, parce qu'on sentait vaguement que Florence tendait à la monarchie. Un tel aveu de la part de l'opinion générale n'était pas moins nouveau que la personnalité du cardinal Jean. Il en résulta d'abord que, de même qu'un fruit mûr se détache de la branche sans laquelle il n'aurait pu devenir un fruit, de même les Médicis se détachèrent de leur richesse qui les avait faits ce qu'ils étaient et, pauvres, ils purent demeurer importants. Pierre de Médicis, chassé de sa ville, se trouva avec ses frères et ses parents, allant, errant, vagant, sollicitant et recevant des affronts de Bologne à Venise, de Venise en Allemagne, d'Allemagne en France. On se moqua de lui et des siens quelquefois, on refusa de les appuyer, on refusa de les aider; ils manquèrent souvent du plus nécessaire et durent quitter des auberges où on ne leur accordait pas crédit. Pourtant, on ne mettait pas en question qu'ils fussent princes et ce point suffisait à leur réserver l'avenir.

Pierre, le chef de la famille après Laurent, avait été, à tous les points de vue, un homme médiocre. Ce n'était, cependant, pas ce qui l'avait mis à bas. C'était la réaction naturelle soulevée contre le mode d'administration introduit par sa famille. Le tempérament florentin, comme celui de chaque peuple, était complexe. Les instincts hostiles aux Médicis, comprimés sous la main de Laurent, firent détente sous celle de son fils maladroit. Mais, on l'a observé avec raison : un gouvernement qui existe uniquement à la condition de ne pas commettre de fautes, prouve par cela seul peu de vitalité. Le pouvoir de Pierre se brisa parce qu'il rencontrait un certain fond d'énergies anciennes à dépenser et d'illusions à épuiser. Chacun le sentait ; le zèle de Savonarole, les théories historiques et spéculatives de Machiavel et de ses savants amis, épris d'un idéal à la romaine, les prétentions d'influence des grandes familles, les habiletés balancées et contrebalancées des Soderini, des Valori et de leurs pareils, plus sages que perspicaces et plus modérés que forts, ne pouvaient mener loin, ni durer longtemps. Le fait seul que le moindre des inconvénients de ce régime libéral faisait, à chaque fois qu'il se montrait, éclater le nom de Médicis, invoqué comme le remède suprême a tous les maux, ce fait, cette circonstance seule donnait du relief aux exilés. Néanmoins avant qu'ils pussent ressaisir leurs avantages, il fallait que la veine contraire s'épuisât.

Pierre mourut. Jean devint le mentor de sa famille. Il laissa la branche cadette rentrer obscurément à Florence, changer de nom, s'humilier ; il continua lentement et sans mouvements désordonnés le rôle de prétendant ; chaque jour écoulé, chaque misère sentie dans la République fatiguée, entourait, appuyait son nom d'un éclat dangereux. Le Cardinal était patient, il était, au fond, satisfait de son sort ; il ne s'endormait pas sans doute ; mais il n'était pas non plus trop éveillé. Ses amis devenaient chaque jour plus nombreux. Tolérablement bien vu par Alexandre VI, mais se gardant de résider à Rome, sous la main de ce terrible personnage, il entretenait des relations avec l'ennemi déclaré du Pape, le fougueux Julien de la Rovère. Celui-ci s'était fortifié dans sa ville épiscopale d'Ostie et remuait ciel et terre, pour amener la déposition de Borgia. L'élégant Jean de Médicis se rencontra avec lui à Savone, dans une entrevue préméditée. Ils s'entretinrent longtemps. Julien proposa, sans doute, bien des combinaisons, car rien ne fut jamais plus mouvant et plus fertile que son génie ; il présenta bien des ouvertures, il étala la possibilité de bien des violences pour précipiter à terre le pontife abhorré. Jean de Médicis n'était pas l'homme de pareilles tentations, et de la rencontre de Savone, il ne sortit quoi que ce soit dont Alexandre VI eût à se plaindre. Toutefois, les deux interlocuteurs se séparèrent amis. Il est assez difficile de deviner quelle sorte de sympathie le tempérament un peu froid, la raison courte, le raffinement intellectuel du Médicis pouvait exciter chez le plus impétueux des hommes en même temps que le plus rusé ; cette sympathie, pourtant, exista et alla même se développant dans une proportion assez grande, lorsque Jules eut pris la tiare.

A ce moment, le Cardinal, revenu une fois pour toutes de ses voyages ultramontains, après avoir beaucoup vu, beaucoup connu, causé avec nombre de savants, admiré une foule d'objets d'art, s'adonnait à un dilettantisme devenu, depuis les jours du magnifique Laurent, la prétention obligée et d'ailleurs justifiée de sa famille. Secondé par son cousin, le cardinal Jules, depuis Clément VII, il avait fait de sa maison un musée. On y conversait avec les plus beaux et les plus aimables génies du siècle ; on y rencontrait les gens qui prenaient la part la plus grande aux plus sérieuses affaires. Parmi des jouissances si désintéressées, Jean de Médicis gardait toujours une part de son attention fixée sur les fluctuations politiques, au travers desquelles se laissait entrevoir comme chose probable la réintégration de sa famille à Florence et la reprise de ce que cette famille appelait ses droits.

Sur ce point Jean ne s'entendait pas avec Jules II. Celui-ci consentait à ce que les Médicis pussent récupérer leurs domaines confisqués et un certain rang ; mais non pas qu'ils devinssent des princes régnants. Lui-même, comme on l'a vu, convoitait la Toscane et visait à englober cette région dans la grande Italie pontificale dont il poursuivait la création, et eût-il eu pour Jean encore plus de bon vouloir, il ne se fût départi de ses projets. Il constitua donc volontiers le Cardinal son commissaire auprès des Vénitiens et des Espagnols marchant avec ses troupes et les Suisses contre les Français ; il l'initia à ses menées ; et, quand il le vit prisonnier à Milan après Ravenne, il l'employa pour instituer à Latran le concile destiné à réagir contre Louis XII et l'empereur, devenus théologiens à Pise ; mais, lorsqu'il fit assaillir Florence, si, de nouveau, il se servit de lui, ce fut en le plaçant, ainsi qu'on l'a vu, sous la double tutelle du duc d'Arbois et de Don Raymond de Cardone. Alors, le Médicis comprit fort bien que l'extrême limite de sa faveur était atteinte ; que le Saint Père ouvrait désormais sur lui les yeux de sa méfiance ; qu'il fallait ou se soumettre absolument, abandonner la Toscane à la volonté du représentant de saint Pierre et se garder de faire mauvaise mine, ou bien recommencer une lutte ; et en vérité, il n'existait aucun moyen de tenir pied contre un adversaire tel que Jules II.

Rarement l'homme prévoit juste. Sa raison n'est qu'une déraison constamment renversée par le cours des faits auquel elle ne peut rien. Jules II meurt tout à coup et le cardinal Jean, le confident suspecté, l'homme tenu en échec, le prétendant, à la veille de tout perdre, même l'espérance, se trouve souverain pontife, possesseur des forces tournées contre lui. A ce moment, Léon X entra en pleine possession de son tempérament ; il fut, librement, le grand seigneur fastueux qu'il était, le prince, l'homme à passions plus colorées que fortes. Il réalisa l'idéal d'une existence parfaitement ornée.

Ses sentiments politiques étaient peu italiens et ce qu'il chercha, ce fut non pas l'élévation subite de sa famille, à la façon des Borgia, mais, suivant lui, le droit de sa maison à la principauté de la ville natale. Il imagina encore de créer un semblant d'Etat pour son frère Julien, en réunissant à Parme et à Plaisance, dépouilles de la maison d'Este, Modène, acheté de l'empereur pour 40 mille ducats d'or (l'empereur ne demandait qu'à vendre). François Ier étant monté sur le trône de France, le Pape lui transporta l'espèce de haine qu'il avait vouée à Louis XII. Cependant, quand il vit ce jeune vainqueur rentrer dans le Milanais, à travers l'exploit de Marignan, mettre dehors les Sforze avec une pension viagère et lui enlever à lui-même l'apanage désigné de son frère, Parme et Plaisance, il se soumit ; il s'allia à celui qu'il détestait et, souffrant du même vide d'argent qui travaillait Maximilien, il consentit, pour garder les annates de France, à conclure ce fameux concordat, cette prérogative plus rapprochée de nous que la Pragmatique de 1438, source officielle des libertés gallicanes. Une telle négociation aurait dû servir de règle à tous les gouvernements européens ; elle démontrait l'inutilité des schismes et des hérésies. Cette indifférence religieuse que Jules II n'eût jamais admise, bien que prêtre peu régulier, devait marquer d'un trait profond la physionomie de Léon X. Il l'afficha encore et d'une manière plus frappante, aux débuts de l'insurrection soulevée par Martin Luther ; mais, là, se dressa en face de lui un contradicteur passionné ; ce ne fut pas l'hérétique avec lequel d'ailleurs il demandait à s'entendre ; ce fut le successeur de Maximilien sur le trône impérial, le jeune Charles-Quint, le souverain placé par la fortune en tête des Etats les plus vastes que l'Europe eût connus depuis le temps de Charlemagne.

Le Pape voulait à mesure égale la gloire de la maison de Médicis, l'éclat du trône pontifical et un train d'existence propre à l'illustre et délicat amateur des lettres, des arts et des plaisirs qu'il était lui-même. Le nouvel empereur, de son côté, nourrissait et professait d'autres doctrines. Il jetait sur le monde un coup d'œil bien autrement sérieux. Le Pape avait besoin d'argent pour soutenir son système. L'Empereur avait besoin de pouvoir pour garder ferme dans les serres de son aigle les Espagnes, les Flandres, la Bourgogne, l'Artois, l'Allemagne, les Nouvelles Indes ; aussi considérait-il d'un regard soupçonneux toutes volontés surgissant à côté de la sienne. Il était pénétré de cette maxime que le maintien des grands Etats exige le calme politique ; aussi, comme Auguste, voulut-il la stagnation avec sévérité. Le Pape abandonnait, peut-être sans le sentir nettement, l'idée de l'unité, de la prépondérance de l'Italie ; il préférait bien des choses à la grandeur de l'Eglise ; l'Empereur consentait volontiers à l'élévation de quelques princes de plus, fussent-ils des Médicis, si à ce prix il devenait le maître dans la péninsule et en chassait les Français. Ni chez le Pape, ni chez l'Empereur, rien ne ressemblait plus à ce qu'on avait connu quelques années en ça. D'ailleurs, l'Italie riche, admirée, savante, inspirée, habile, était lasse ; la fatigue l'envahissait ; la passion tombait ; la mollesse s'étendait ; on riait en désespérant, et, riant, on désespérait. Chacun faisait comme le Pape, on croyait de moins en moins à la religion et à tout le reste. Les enthousiasmes du passé se transformaient lentement, mais sûrement, en dilettantisme. Les étrangers aussi, les anciens pillards, se faisaient artistes. Par toute l'Europe, désormais, la valeur des belles choses était appréciée bien ou mal. Les princes tenaient à honneur de les rechercher. François Ier commande d'immenses achats d'œuvres d'art ; Henri VIII, l'ami dévoué, le serviteur du Saint-Siège, se pique d'en faire autant : Charles-Quint les imite.

Et, cependant, le monde s'ingénie, se débat, se remue. En Allemagne s'élèvent des novateurs de tous genres ; ils font courir activement leurs plumes et déjà mettent leurs épées au vent ; les imprimeurs vont de ville en ville avec leur apprentis et leurs presses, semant les pamphlets, les libelles, les traités, les discours, les avertissements et les exhortations, tantôt catholiques, tantôt hérétiques, en somme boutant le feu partout ; les populations prennent goût à cette première forme du journalisme ; Erasme et Reuchlin, dans leurs cabinets de savants, spéculent sur les notions du jour et entretiennent des correspondances avec les rois, flattés de recevoir leurs lettres qu'on imprime, et demandant des conseils qu'ils se réservent de ne pas suivre. La conflagration intellectuelle est générale. Elle a pénétré en France ; ses résultats se font sentir sur le globe entier ; Magellan découvre son détroit et meurt aux Philippines ; Fernand Cortez, le grand marquis, achève en trente mois la conquête du Mexique. Tout flambe dans les esprits, pour lesquels cependant le combustible va bientôt manquer.

C'est à l'apogée des choses que l'on peut, avec quelqu'effort de recherche, trouver l'éclosion du germe de leur décadence. Alors, justement, les esprits superficiels sont moins disposés à en rien soupçonner. Ils s'endorment dans une sécurité complète ; ils ne sont pas loin d'estimer que cette loi éternelle en vertu de laquelle toutes choses sont vouées à la transformation à travers la mort, a cessé d'agir. Devant eux, les années sont comptées, peu nombreuses ; eux, ils calculent sur l'indéfini des siècles. Tout les excuse ; l'air est doux, tiède, parfumé ; le ciel d'une pureté incomparable, débarrassé des brumes du matin, et le char du soleil monte avec calme au sommet de sa course ; les roues dorées illuminent l'azur. Seulement, le guide des coursiers sublimes a changé ; ce n'est plus Phœbus : c'est Phaéton.

CINQUIÈME PARTIE

MICHEL-ANGE

Venant après Léon X, Adrien d'Utrecht était donc résolu à exercer la puissance ecclésiastique suivant l'esprit du dogme chrétien : il ne voulait ni la belle antiquité, ni les arts, ni le luxe ; il ne voulait pas les mauvaises mœurs ; la corruption cléricale eut senti la cuisson des verges dont il était armé. Les débordements allaient-ils rentrer dans le lit régulier ? On en peut douter ; rien ne revient ; mais, de toute évidence, les intentions du pontife étaient aussi droites que sévères. Il monta sur le trône en janvier de 1522 et le 24 décembre de 1523 il était mort. Pendant cette courte période, la cour pontificale, violentée dans ses habitudes, n'avait pas respiré. Une fois libre, elle ne voulut plus accepter de pareilles épreuves, et les cardinaux réunis en conclave, portèrent au suprême pontificat Jules de Médicis, l'image pâlie de Léon X, son frère bâtard et bâtard en toutes choses. Il avait le même genre d'esprit avec moins d'esprit, le même goût du plaisir avec moins de délicatesse, le même goût pour les arts, le même goût pour les lettres… mais c'était du goût. La décadence italienne a, désormais, commencé ; les pétales de la fleur d'or tombent les uns après les autres. Pour être devenu trop enivrant, le parfum perd sa fraîcheur. C'est dans une atmosphère où s'avance le crépuscule que tout arrive désormais. Les événements d'importance sont rares et funestes à l'Italie. Un tableau de cette période doit resserrer les temps ; on n'en est plus aux moments féconds où deux et trois années voyaient se produire les mouvements les plus grandioses.

Clément VII régna au milieu des plus horribles et stériles agitations ; après lui vint Alexandre Farnèse, Paul III, grand amateur du népotisme ; mais tout devenait mesquin, même les fautes ; dans les dons abusifs des papes, le patrimoine de l'Eglise était assurément spolié et appauvri, mais les Pierre-Louis Farnèse, mais les Ottavio Farnèse, ne recevaient que terres, argent, titres ; ils ne demandaient pas davantage ; les ambitions vigoureuses, en passe de devenir utiles, n'exitaient plus ; les combinaisons contemporaines ne les rendaient plus possibles. Jules III succéda à Paul II, Marcel Il précéda Paul IV, suivi de Pie IV. Sous ces règnes, on essaya quelquefois de résister à César, de s'allier à la France, de persécuter les amis de César, de ruiner les Colonna, partisans de César ; en somme, l'autorité de César alla grandissant, et bien que Paul IV, en 1556, ait commis la hardiesse de prononcer la déchéance de Philippe II d'Espagne, l'expulsant du trône de Sicile, il fallut bientôt se démentir, se soumettre, rentrer dans l'obéissance.

Tout pliait sous la double volonté de l'Espagne et de l'Empire. Ces puissances dirigées par les mêmes maximes, par la claire vision des mêmes intérêts, pesaient d'un poids écrasant sur leurs propres domaines et autant que possible sur ceux des autres princes. Charles-Quint avait légué aux deux branches de sa maison une politique meurtrière qui devait ou ruiner ceux qui la pratiquaient ou écraser le reste du monde. Deux génies ardents s'affrontaient : celui du temps mourant qui, à la suite du schisme, de l'hérésie, de l'autorité immodérée des princes sur un point, de la liberté indéfinie des sujets sur un autre, de l'imprévu, de l'incohérent, de l'inconsistant, du désir inexpliqué et du rêve courait on ne savait où ; et celui qui, inspirant les princes de la maison de Bourgogne, était résolu à arrêter, à supprimer, à annuler n'importe quoi, et n'imaginait rien d'autre ; méfiant, tracassier, questionneur, gênant, né de la peur de perdre une parcelle quelconque de son avoir, de son pouvoir, de son droit ou de ses prétentions, il en voulait implacablement aux prétentions, aux droits, au pouvoir, à l'avoir, à la vie, à l'âme même de tout le monde et de chacun dans le pourtour entier de l'univers. C'était pour jouir chez lui de cette paix morne que seule il reconnaissait pour être la paix, que Philippe II entretenait le tumulte en Italie et en France ; et ses parents impériaux faisaient absolument de même en Allemagne, en Bohême, en Hongrie.

On vit alors se relever la passion de propagande dont on n'avait guère entendu parler depuis les anciennes prédications du christianisme. Cette fois, deux terribles convertisseurs surgirent, se mirent à l'œuvre ; jusqu'à nos jours ni l'un ni l'autre n'a pris de relâche et ils s'acharnent à poursuivre les recrues. Tandis que l'un, démon de révolte, prêche l'avenir, l'autre, au contraire, prêche le passé, mais quel passé ? Un passé qui ne fut jamais. Philippe II, après son père, se montra un inexorable missionnaire de l'oppression qu'il donnait pour avoir été la règle antique et dont le moine de Yuste et lui étaient les inventeurs. Il lança dans les directions les plus diverses et les plus lointaines, les collaborateurs de choix : Inquisiteurs pour la foi et pères de Jésus, milices nouvelles, quelquefois d'accord, souvent contrastantes ; ici, favorables au Saint-Siège, là ses surveillantes, quelquefois ses ennemies. Mais, à cette époque et pour longtemps, les uns et les autres étaient résolument impériaux, résolument espagnols. Il ne faudrait pas les qualifier de persécuteurs ; ce serait revendiquer pour eux le monopole des cruautés et leurs adversaires s'y montraient tout aussi habiles. Il était non moins périlleux d'avoir affaire aux juges ecclésiastiques d'Henry VIII ou des Calvinistes de Genève, qu'aux Dominicains de Cordoue. Tous les partis ont été, sont et seront persécuteurs ; tous les partis ont appelé justice ce qu'ils imposent et cruauté ce qu'on leur fait subir ; mais Philippe II avait des passions plus nobles qu'Henri VIII.

Le point remarquable c'est que la religion chrétienne, fournissant des enseignes à tous les camps et prêtant son nom en Saxe, en Suède, en Angleterre, comme à Madrid, à Vienne, à Naples, à Bruxelles, cette religion chrétienne dont on parlait si bien, était en définitive peu écoutée. Au temps de l'ancienne Grèce une guerre éclata, source de beaucoup de malheurs : elle est connue dans l'histoire sous le nom de « guerre sacrée" et eut lieu à propos du sanctuaire de Delphes. Quelqu'un parmi les Hellènes avait-il méconnu la divinité d'Apollon-Phœbus ? avait-on osé altérer un rite, omettre une cérémonie ? avait-on mis en doute la véracité de la Sibylle ? Rien moins ! On avait pillé des pèlerins et, peut-être, un peu le temple ; c'est ce qui rendait sacrée cette guerre. Les dissensions religieuses de l'Europe moderne sont du même genre. A travers la foi, elles visent aux intérêts les plus positifs, à ceux dans lesquels l'âme immortelle ne revendique pas la moindre part. De là, les mille contradictions, les bizarreries, les inconséquences de la politique religieuse ; de là, des papes rejetant l'inquisition espagnole ; et, pourtant, cette inquisition était, à l'entendre, le bouclier de l'orthodoxie ; de là, les papes offensés, insultés, persécutés, chassés de Rome, réduits à la misère, à la famine, et par qui ? Par Charles-Quint ; puis vilipendés de nouveau par Philippe II, par ces monarques catholiques indignés de ne pas trouver dans les volontés du Saint Père la mesure, ni la nuance, ni la forme de catholicisme utile à leurs propres affaires, je dis affaires temporelles. Il en fut de même lorsqu'un peu plus tard, en France, la maison de Guise, et la Ligue accusèrent la papauté de tiédeur, et quand, dans ce même pays, Louis XIV, le fléau de l'hérésie, humilia de son mieux le Souverain Pontife et réduisit dans ses Etats le clergé à tomber sous la dépendance absolue de son administration. Au rebours de la rigidité dogmatique des potentats, la cour de Rome, à partir du XVIe siècle, se montra douce en matière de foi. Elle fit à l'occasion ses réserves ; elle détermina théoriquement ses doctrines et définit l'étendue de ses droits ; mais sur la pratique elle insista beaucoup moins, et sembla même, en bien des cas, vouloir vivre sans collision en face de l'hétérodoxie. De la sorte, il se trouva que les puissances protestantes imitant avec suite la rigueur des gouvernements catholiques, les persécutions religieuses dépouillèrent de plus en plus le caractère d'un fanatisme croyant, pour revêtir plus positivement celui de la convenance d'Etat. Ces déguisements confessionnels ont continué jusqu'à l'époque présente à masquer les buts les plus absolument temporels.

Charles-Quint fit de sa façon d'envisager la religion sa grande affaire, son grand moyen. Armé d'une constance inflexible, il mena la guerre contre tout ce qui s'opposait à la perpétration de ses volontés. Son principal adversaire étant François Ier, il prit à tâche de lui fermer l'Italie. Il y parvint. Ce ne fut pas l'affaire d'un jour. En 1523, il le chassa du Milanais et le poursuivit jusqu'en Provence; mais il fut repoussé et obligé de rebrousser chemin, devant une nouvelle invasion conduite par le roi en personne. En 1524, à Pavie, il battit son adversaire, le fit prisonnier et l'emmena à Madrid. En 1526, contraint de le relâcher, il dut se contenter d'un traité inexécutable. En 1527, les Français ligués avec le Pape, Florence, les Vénitiens, les Suisses et l'Angleterre, reparaissent dans la péninsule et n'y profitent en rien; cependant ils pénètrent jusqu'à Naples, reperdent ce royaume en 1528 et consentent encore à s'en aller. En 1529, se signe à Cambrai la paix des Dames, négociée par Marguerite d'Autriche, gouvernante des Pays-Bas, et Louise de Savoie. Les Français renoncent solennellement à rien posséder en Italie et à s'y mêler de quoi que ce soit, et comme corollaire et confirmation de cette défaite absolue, les Etats de la péninsule forment une ligue perpétuelle sous la protection et la conduite de l'empereur. Alors, celui-ci arrange tout selon ses vues. En 1530, il se fait donner la couronne de fer et la couronne impériale par Clément VII, sa victime. Il est le maître; le Pape n'est rien qu'un assistant passif et le diacre de l'empereur officiant. César ensuite s'achète des amis. Du marquisat de Mantoue il fait un duché. Au duc de Ferrare il donne Carpi et assure Modène et Reggio. Il assiégeait Florence depuis dix mois; il prend la ville, malgré les travaux de défense exécutés par Michel-Ange, et termine les hésitations indéfinies des habitants en leur assignant un chef héréditaire dans la personne d'Alexandre de Médicis; c'était une gracieuseté pour le Pape dont l'Empereur ne voulait pas non plus trop abuser. A Béatrice de Savoie, sa cousine, Charles fait don du marquisat de Ceva et du comté d'Asti. Le Montferrat est donné au Mantouan. Bientôt à Florence une révolution éclate, Alexandre est assassiné; peu importe; César élit parmi les Médicis Cosme, fils de Jean des Bandes Noires, garçon de dix-huit ans, et le fait duc. Sienne s'insurge et chasse la garnison espagnole. Charles prend la ville, modifie le gouvernement, met les Siennois sous la tutelle d'une forte citadelle; ils cherchent encore à bouger; ils sont de nouveau pris et cette fois donnés à Cosme, duc de Florence, et comme Francesco Burlamacchi, gonfalonier de Lucques, conspirait contre celui-ci, César le saisit et le décapite. En même temps qu'il donnait, il recevait. En 1535, François Sforza avait été rétabli dans son duché par les Français eux-mêmes, alors dégoûtés de Milan, et convoitant Naples. L'Empereur l'avait laissé régner tout en le surveillant. A sa mort, il déclara César son héritier.

Ainsi s'établit définitivement la nouvelle constitution de l'Italie. Ce fut la suprématie espagnole et impériale. Les Français, à la vérité, ne devaient jamais cesser leurs efforts pour y porter le trouble. Pourtant, ils ne purent ni rien détruire, ni rien fonder. Ils continuèrent leur vieux système. Entrer dans la péninsule leur resta facile; s'y maintenir impossible, et l'Italie piétinée à perpétuité par les combinateurs politiques perdit jusqu'au sentiment de l'indépendance. Le tempérament de ses princes, comme les habitudes de ses peuples, devinrent également serviles.

Le trait caractéristique de cette situation est que la maison d'Autriche se rendait compte de sa volonté ; la France n'avait pas l'air de se douter de la sienne et courait aux quatre vents. Elle inventait l'alliance avec le Turc et on a vu là un trait de génie. Venise, auparavant, avait vécu en paix avec cette puissance ; elle l'avait même tacitement soutenue, servie à l'occasion ; elle ne s'était jamais avisée de s'en faire l'amie déclarée. La France l'imagina et s'en vanta, ce qui devait naturellement exciter de l'horreur dans un temps où le nom de Turc se rattachait aux cruautés folles exercées sur les populations de la Hongrie, de l'Italie même, par les janissaires d'une part et les pirates barbaresques de l'autre. En même temps, les conseillers de François Ier et, ensuite, ceux d'Henri Il s'associèrent aux protestants parce que l'Empereur persécutait ceux-ci. Comme, un peu plus tard, on ne les tourmenta pas moins, on imagina d'être l'ami de ceux du dehors en même temps qu'on brûlait ceux du dedans. Cette vacillation a passé également pour un chef-d'œuvre de sagesse ; en somme, on s'apercevait sans peine en y regardant d'un peu près, qu'elle a produit beaucoup de mal, fort peu de bien, et il aurait mieux valu pratiquer un système plus respectable au point de vue de la logique, comme à celui de la morale. Malheureusement, ce fut impossible. On vécut de hasards sous les Valois, et on ne s'occupa que de pêcher dans la mer des expédients, des proies de rencontre. Les enfants de François II rêvaient le pouvoir absolu et la destruction des grands ; les grands n'étaient plus les feudataires d'autrefois, mais des produits de fortune, les Guise, les Châtillon, les Saint-André ; ceux-là, Dieu sait ce qu'ils voulaient ! tout ! et ils attendaient le reste. Comme antithèse aux vœux des rois, ils songeaient même à instituer la République. On n'osait tout confesser de ce qui se tramait obscurément au fond des pensées, on se réduisait donc à ce qui a été signalé plus haut : on mettait la religion en avant et on restait tapi derrière.

Cette méthode parut également fort bonne à Henri VIII d'Angleterre. On avait connu ce prince dévoué corps et âme à la cour de Rome et de sa plume auguste s'escrimant si bien contre Luther et les novateurs, qu'il fallait lui donner le titre de « Défenseur de la Foi". Il eût probablement continué dans les mêmes errements, car la foi, comprise, surtout, à la manière de Charles-Quint, ne devait rien avoir que de fort séduisant pour lui, si, par malheur, il n'avait connu Anne de Boleyn. Le premier pas essayé, Catherine d'Aragon renvoyée, le roi déclaré par le clergé catholique de son Etat chef suprême de la religion, les idées du théologien de Windsor tournèrent sens dessus dessous. Il aurait pu, restant catholique, surveiller l'orthodoxie de son peuple et la régler haut la main ; mais la produire était plus agréable encore et les massacres et les autodafés et les décapitations de femmes, d'hommes, d'enfants, de grands seigneurs, de pauvres hères commencèrent pour durer longtemps ; catholiques, luthériens, calvinistes se passaient la hache et montaient sur les mêmes bûchers ; l'important et le difficile était de deviner la foi du roi, incertain lui-même. Il avait trop à faire déjà à organiser le défilé d'Anne de Boleyn, décapitée, à Jeanne Seymour, morte en couches, à Anne de Clèves, renvoyée, à Catherine Howard, suppliciée, à Catherine Parr, qui l'aurait été, si la mort ingrate n'était venue prendre son pourvoyeur à la gorge.

Le meurtre pour cause théologique florissait partout, dans tous les camps. Chacun se piquait de bien brûler, de bien torturer, il ne semblait pas qu'une doctrine fût complète, tant qu'elle n'avait érigé son bûcher particulier. Les anabaptistes travaillèrent en grand ; on le leur rendit bien. De sorte que le siècle où l'érudition et les arts auraient dû régler ou au moins détourner vers eux les activités de l'esprit, où, suivant l'opinion généralement admise, la culture plus grande de l'intelligence devait adoucir les mœurs, on fut plus particulièrement cruel, brutal, aveuglément fanatique, et on vit, par exemple, dans les pays protestants, en Allemagne, en Angleterre, les procès pour sorcellerie se multiplier d'une façon inconnue jusqu'alors et continuer leurs atrocités jusque bien avant dans le XVIIe siècle. Voilà ce que sut opérer ou ce que ne sut pas empêcher la grande culture intellectuelle.

L'imagination humaine possède une pharmacopée d'où elle tire de temps à autre des recettes. Elle a même des panacées qui reparaissent périodiquement. En 1536, on estima le désordre à son comble et on pensa n'en pouvoir supporter une plus forte dose : on eut recours alors au spécifique des spécifiques et le pape Paul III convoqua un concile général. L'action d'une assemblée est toujours supposée faire ressource pour les cas désespérés; généralement le remède tue le malade. Le concile de Trente ne faillit pas à son naturel d'assemblées. Il tua l'unité religieuse de l'Europe, constitua hors de sa communion tous les novateurs vivants et donna des raisons de se produire à ceux qui n'existaient pas encore. Mais il ne se borna pas à cette faute immense. Il discrédita l'autorité qu'il gaspillait. Parmi les princes qui y furent représentés, il y en eut peu, s'il y en eut, qui ne se repentirent de l'avoir soit demandé soit consenti. Livré à autant d'agitation qu'un concile pouvait l'être, il traîna pendant dix-huit ans, et souvent le Pape tout le premier s'en trouva embarrassé au point de ne savoir qu'en faire. Suspendu en 1547, transféré à Bologne pour être soustrait à l'influence de l'empereur, interrompu, repris en 1551, abandonné l'année suivante, on n'y revint qu'en 1562.

On voit sur quel fonds de misère se détachent les derniers tableaux de la Renaissance italienne : plus rien de brillant, plus rien de pur.

TABLE DES MATIÈRES

ACHEVÉ D'IMPRIMER

LE 1er OCTOBRE 1923

PAR F. PAILLART A

ABBEVILLE (FRANCE)

LES CAHIERS VERTS

1. Louis Hémon. — *Maria Chapdelaine*   *épuisé*

2. Gabriel Marcel. — *Le Cœur des autres*   *épuisé*

3. Joachim Gasquet. — *Il y a une Volupté dans la douleur*   *épuisé*

4. Daniel Halévy. — *Visites aux Paysans du Centre*   *épuisé*

5. Emile Clermont. — *Le Passage de l'Aisne*   5 francs

6. Logan Pearsall Smith. — *Trivia*   5 francs

7. Louis Bertrand. — *Flaubert à Paris ou le Mort*   6 francs

8. François Mauriac. — *Le Baiser au Lépreux*   *épuisé*

9. Raymond Schwab. — *La Conquête de la Joie*   *épuisé*

10. Marie Lenéru. — *Saint-Just*   5 francs

11. Pierre Lasserre. — *Philosophie du Goût musical*   5 francs

12. Robert Browning. — *Poèmes, précédés d'une Etude par*   6 francs
   Mary Duclaux

13. George Moore. — *Mémoires de ma vie morte*   6 fr. 50

14. Jean Giraudoux. — *Siegfried et le Limousin*   *épuisé*

15. Drieu La Rochelle. — *Mesure de la France*   5 francs

16. Ramón Gómez de la Serna. — *Echantillons, présentés*
   par Valéry Larbaud   6 fr. 50

17. Julien Benda. — *La Croix de roses*   5 francs

18. Pierre Lasserre. — *Renan et nous*   6 fr. 50

19. Louis Hémon. — *La Belle que voilà*   *épuisé*

20. André Le Breton. — *Le tourment du passé*   6 fr. 75

21. Daniel Halévy. — *Vauban*   6 fr. 75

22. André Maurois. — *Ariel ou la Vie de Shelley*   *épuisé*

23. Léon Chestov. — *La Nuit de Gethsémani*   6 francs

24. Ed. Estaunié. — *L'Infirme aux mains de lumière*   *épuisé*

25. Albert Thibaudet. — *Paul Valéry*   6 francs

26. Aurore Sand. — *Encarnacion*   6 fr. 75